D1640866

(vertikal, horizontal, ~~diagonal~~, steht auf und ruft »Bullshit!«

dafür wortlich?	Kernkompetenz verteilen	Ich sag ja immer »Sabbel«.
hat noch Vorgang schleunigt.	Feierabend ist, wenn der Chef geht!	Das war mit Herrn Becker so abgesprochen.
haben immer gemacht.	Nicht mein Zuständigkeitsbereich!	Wer schreit, hat Unrecht.
Grunde ja alles Zahlen …	Herr Stromberg, haben Sie das bearbeitet?	Wer was warum nicht gemacht hat spielt ja keine Rolle …
Hierar- schaffen	Mensch bleiben	Ich sag mal: Immer locker durch die Hose atmen.

Langenscheidt

Chef-Deutsch
Deutsch-Chef
Klartext am Arbeitsplatz

von Bernd Stromberg

Langenscheidt

Berlin · München · Wien · Zürich · New York

Impressum

**Langenscheidt Chef-Deutsch / Deutsch-Chef
von Bernd Stromberg
In Zusammenarbeit mit BRAINPOOL TV GmbH**

Layout: Meißner & Reisser GbR

Umwelthinweis: gedruckt auf chlorfrei gebleichtem Papier

© 2007 by Langenscheidt KG, Berlin und München
Satz: Franzis print & media GmbH, München
Druck: Kösel, Krugzell
Printed in Germany
ISBN 978-3-468-73112-9
www.langenscheidt.de

1. 2. 3. 4. 5.   11 10 09 08 07

Inhalt

Verehrte Arbeitnehmer und Angestellte,
sehr geehrte Arbeitgeber und Chefs,
liebe Leser,

für die, die mich noch nicht kennen: Stromberg. Bernd
Stromberg. Chef, Fernsehstar und Menschenfreund. Mit
vollem Körpereinsatz in der Schadensregulierung einer
Versicherungsgesellschaft tätig. Genauer, in der CAPITOL.

In erster Linie bin ich da natürlich Chef, darum haben die
Verantwortlichen vom Langenscheidt-Verlag auch völlig
zu Recht sofort an mich gedacht, als das Thema »Chef-
sprache« da auf den Tisch kam. Und, weil ich chefmäßig
natürlich ein Stück weit eine Vorbildfunktion bekleide, inzwischen. Bundesweit. Mir wurden sogar vereinzelt Brie-
fe von Leuten reingereicht, die mir zu dem, was ich da im
Fernsehen mache, gratuliert haben. Weil das alles so rea-
listisch ist. Und das ist für eine Dokumentation ja ein sehr
schönes Kompliment.
Aber vorerst genug von mir …

Das vorliegende Buch »Chef-Deutsch, Deutsch-Chef« beschäftigt sich mit der uns (= uns Chefs) eigenen Sprache,
und die ist mitunter schon etwas missverständlich. Da ich
selbst einer bin und trotzdem den guten Draht zu den mir
unterstellten Mitarbeitern nie verloren habe, bin ich geradezu geschaffen für diese Art von Übersetzung. Im Ar-

beitsalltag kommt es ja doch sehr gerne mal zu Missverständnissen. Der Chef sagt das Eine und der Mitarbeiter versteht das Falsche.

Ich möchte Ihnen mit diesem Büchlein helfen, mich und somit stellvertretend auch all die anderen Chefs da draußen besser – oder richtiger – zu verstehen. Wir sind keine Monster, die von der Firmenspitze dafür bezahlt werden, es Ihnen so schwer wie möglich zu machen. Also, wir werden nicht ausschließlich dafür bezahlt. Zumindest ich nicht. Hm. Na ja, wie auch immer.

Im Folgenden werden Sie sehr oft lesen, dass es um »DEN Chef« geht. Selbstverständlich weiß ich als aufgeklärter, moderner Chef, dass es auch weibliche Chefs gibt. Also, weiblich nicht im Sinne von »mein Chef färbt sich die Haare« oder »mein Chef hat wieder ganz zauberhafte Zitronen-Eclairs für alle gebacken«, sondern im Sinne von »mein Chef ist eine Frau«.

Frauen sind ganz wunderbare Chefs, ich persönlich habe immer und ausschließlich sehr gute Erfahrungen mit Frauen gemacht, die man mir im Laufe meiner Tätigkeit in der CAPITOL vorgesetzt hat.

Dass ich hier nicht jedes Mal einen Schrägstrich mache und die entsprechende weibliche Form dahinter setze,

liegt allein an der sich dadurch ergebenden Platzerspar-
nis, durch die ich Ihnen viel besser erklären kann, wie Sie
Ihren Chef / Ihre Chefin zu verstehen haben.

Zusammengefasst: Ich respektiere Frauen, auch in Chef-
positionen und möchte alle Frauen bitten, das immer in
ihren hübschen Hinterköpfen zu behalten. Sofern da noch
Platz ist, zwischen den ganzen Rezepten und Cellulite-
Verteidigungs-Tricks.

Wenn Sie nach dieser Lektüre alle ein, zwei Wochen mal
ein Lächeln oder eine Tasse Kaffee für Ihren Vorgesetzten
übrig haben, dann hat sich mein kleiner Sprachführer hier
doch schon ein bisschen gelohnt. In dem Fall dann vor allem für Ihren Chef. Aber Sie verstehen dann wenigstens,
warum er ihn sich verdient hat und bringen ihm den Kaffee gerne und mit besagtem Lächeln. Da bin ich mir fast
sicher.

Chefs sind nämlich auch nur Menschen.

In diesem Sinne, viel Spaß beim Lesen!

Ihr Bernd Stromberg

1. Kapitel

Chefwerdung

> Chef sein ist keine Berufsbezeichnung,
> Chef sein ist eine Lebenseinstellung.

Das steckt ganz tief in Ihnen drin, in jedem von Ihnen.

Erst kommen Sie – dann kommt lange Zeit nichts – dann kommt ein Foto von Ihnen – und dann kommt die Sintflut.

Wenn Sie sich das jeden Morgen nach dem Zähneputzen sagen, kann eigentlich gar nichts mehr schief gehen. Dann sind Sie im Büro auf Chef-Level Eins und haben obendrauf noch einen frischen Atem. Und ab da: Immer positiv!

Chef sagt:
Guten Morgen! Ein wunderschöner Tag heute, was? Na dann mal gutgelaunt ran an den Speck!

Chef meint:
Ich hab keine Ahnung, wer Sie sind oder was Sie hier machen, aber Ihnen werde ich gleich erst mal schön was zum Abarbeiten vor den Latz knallen. Und wollen Sie wissen, warum? Weil ich es kann!

Da kommt doch direkt Freude auf!
Auch wenn Sie zum jetzigen Zeitpunkt selbst noch keine Untergebenen Ihr Eigen nennen, sollten Sie im Folgenden trotzdem gut aufpassen, so eine Beförderung kann ganz plötzlich kommen.

1. Chefwerdung

z.B. Weil Sie zum Beispiel aus Versehen mal richtig gut mitgedacht haben und dadurch Ihrer Firma Ärger und / oder Geld gespart haben oder weil Sie zu Hause grad noch unwillkommener sind als im Büro und darum freiwillig länger geblieben sind.

Die Gründe für Ihre persönliche Beförderung können so vielseitig wie unsinnig sein, Tatsache bleibt: Sie stehen dann als frischgebackener Chef völlig unvorbereitet da und wissen nicht, in welche Richtung Sie buckeln und in welche Sie treten müssen. Darum fangen wir an dieser Stelle erst mal mit den simplen Grundregeln für Neu-Chefs an:

Regel

**Grundregel 1 für Neu-Chefs:
Buckeln immer nach oben, treten immer
nach unten!**

Umgekehrt geht auch, ist aber ungleich sinnfreier.

Grundregel 1 klingt erst mal nicht so, als bräuchte man dafür Abitur. Wie immer im Leben ist es aber auch hier so, dass der Teufel sich gerne im Detail versteckt. Auf der einen Seite ist die Kunst des gepflegten und Erfolg versprechenden Buckelns schon eher etwas für Fortgeschrittene, auf der anderen Seite machen viele Neu-Chefs den Anfängerfehler, das mit dem Treten allzu wörtlich zu nehmen.

Natürlich sollen Sie jetzt, wo Sie Chef sind, nicht plötzlich damit anfangen, Ihre ehemaligen Kollegen mit den Füßen zu bearbeiten. Ausnahmen sind hier nur die Mitarbeiter (oder im wahrscheinlicheren Fall die Mitarbeiterinnen), mit denen Sie auch vorher schon gerne mal fußtechnisch unterwegs waren. Richtung Kantine oder unterhalb des Konferenztisches. Ansonsten gilt für Sie als Chef:

Merke! **Füße weg von den Kollegen!**

Um Ihnen gleich ein konkretes Beispiel mit an die Hand zu geben:

z.B. Sie haben Ihren ersten Tag als Chef und treffen auf einen Untergebenen, der Sie um Hilfe bei einem Problem bittet. Was machen Sie?

Sie hören sich das Problem an, überdenken die möglichen Lösungen und erklären dem Mitarbeiter im Anschluss kompetent und freundlich …

Mööööp – schon falsch!

Genau da fängt es nämlich gerne mal an, für Sie als Neu-Chef gewaltig schief zu laufen. Sie sind jetzt Chef. Der Vorgesetzte. Was überhaupt nichts damit zu tun hat, dass Sie von nun an jedes auftauchende Problemchen »vorgesetzt« bekommen. Wenn Sie einmal damit anfangen, kommen Sie da nie mehr raus. Ich spreche hier aus eigener Erfahrung eines Kollegen.

Helfen ist im Büro ein Teufelskreis, um den Sie als Chef einen großen Bogen machen sollten. Sieht man ja überall, was aus den Leuten geworden ist, die einmal mit dem Helfen angefangen haben. Hier, Mutter Teresa zum Beispiel, oder Gandhi. Die haben den Menschen zuerst auch nur mal helfen wollen, und dann? Glauben Sie allen Ernstes, dass einer von den beiden sich mal ein Wochenende frei nehmen konnte, um zu angeln, den Segelschein zu machen oder eine Runde Golf zu spielen? Wohl eher nicht! Wenn Sie Ihren Mitarbeitern am Anfang Ihrer Chef-Karriere den kleinen Finger reichen, dann sind Sie da ganz schnell mal zwei, drei Hände los. Und das war's dann auch für Sie zum Thema Angeln, Segeln und Golf. Soweit muss es nicht kommen, darum merken Sie sich:

Wenn ein unterstellter Mitarbeiter Sie um Hilfe bittet, reagieren Sie immer freundlich, aber freundlich ablehnend.

Mitarbeiter sagt:
Entschuldigen Sie, könnten Sie mir hier helfen?

Chef sagt:
- ✔ Jederzeit gerne, leider muss ich genau jetzt in ein wichtiges Meeting.
- ✔ Momentan ist das ganz schlecht, meine Mithilfe wird auf höchster Ebene verlangt.
- ✔ Sobald ich mich aus meinen Terminen freischaufeln kann, stehen Sie und Ihr Problem bei mir auf Platz 1 der Prioritätenliste.

Mit diesen Antworten haben Sie zwar dem hilflosen Mitarbeiter keine Lösung für sein Problem geliefert, aber Sie
wirken kompetent, beschäftigt und theoretisch gewillt,
sich mit den Sorgen und Nöten der kleinen Kollegen
auseinanderzusetzen. Das ist es, was letztlich zählt. Der
theoretische Wille zu helfen. Wenn Sie den zwischendurch immer mal wieder durchblicken lassen, sind Sie auf
einem guten Weg, auch langfristig Chef zu bleiben.
Natürlich haben oben genannte Chefantworten alle die
folgende Kernaussage:

Chef meint:
Belästigen Sie mich nicht mit Ihren Pillepalle-Problemen, wenn ich auf so etwas Lust hätte, wäre ich popeliger Mitarbeiter geblieben. Bin ich aber nicht!

Diese Antwort wäre dann »Nach-unten-treten« im ehrlichsten, leider auch ineffektivsten Sinne. Bleiben Sie deshalb unbedingt bei den ersten drei Möglichkeiten!

Sollte Ihnen ein überstellter Kollege, für Sie also ein »Über-Chef«, dieselbe Frage stellen und um Mithilfe bitten, sind Ihre Antwortmöglichkeiten ungleich simpler:

Über-Chef sagt:
Entschuldigen Sie, könnten Sie mir hier helfen?

Über-Chef meint:
Gnade Ihnen die Geschäftsführung, wenn nicht!

Chef sagt:
✔ Sehr gerne.
✔ Selbstverständlich.
✔ Läuft.

Chef meint:
Gnade mir die Geschäftsführung, wenn nicht!

Wie Sie sicher bemerkt haben, ist »Nach-oben-buckeln« (zumindest verbal) um ein Vielfaches einfacher als subtiles »Nach-unten-treten«. Für Neu-Chefs ist es darum unabdingbar, sich die Chef-Sprache möglichst schnell draufzuschaffen.

Weitaus schwieriger wird für Sie ab sofort der Umgang mit den Kollegen, mit denen Sie bis zu Ihrer glorreichen Chef-Werdung befreundet waren.

Grundregel 2 für Neu-Chefs:
Sie haben von nun an keine Freunde mehr!

1. Chefwerdung

Zumindest nicht im Büro. Wenn Sie das nicht wollen oder damit nicht leben können, werden Sie es als Chef verdammt schwer haben. Freunde sind am Arbeitsplatz leider so hinderlich wie ein Schluckauf beim Flirten. Vielleicht fällt Ihnen die Umstellung leichter, wenn Sie sich in die nicht beförderten Kollegen hineinversetzen und sich fragen, was Sie an deren Stelle denken würden. »*Wieso der und nicht ich?*« ist dabei genau die Quintessenz, bei der Sie landen werden, wenn Sie mal kurz ehrlich sind. Und wenn Sie weiter ehrlich sind, dann geben Sie sich darauf doch gleich noch die korrekte Antwort: »*Weil Sie besser sind!*«

So sieht das aus. Dabei ist es völlig egal, worin genau Sie besser sind – ob Sie schneller arbeiten, mehr arbeiten oder am Samstag für den gleichen Fußballverein grölen wie Ihr Chef – in irgendetwas sind Sie offensichtlich besser als die anderen. Vertrödeln Sie Ihre Zeit nicht damit, sich wie Ihre ehemaligen Kollegen-Freunde zu fragen, was um alles in der Welt das bloß sein könnte. Stellen Sie sich einfach morgens vor den Spiegel, putzen Sie sich die Zähne und sagen Sie sich:

Erst komme ich – dann kommt lange Zeit nichts – dann kommt ein Foto von mir – und dann kommt die Sintflut.

Mal ehrlich, würden Sie noch mit sich befreundet sein wollen? Verstehen Sie jetzt?

So. Sie sind jetzt also Chef, haben sich gemerkt, worin der Unterschied zwischen »buckeln« und »treten« besteht und dass so etwas wie »Freundschaft mit Untergebenen« genauso häufig vorkommt wie gutes Essen in der Firmenkantine.

Wenn Sie jetzt glauben, dass es von nun an nur noch bergauf gehen kann, haben Sie damit nur recht, wenn Sie zufällig Sisyphos heißen. Aufsteigen ist nämlich keine Kunst und jeder kann sagen: »*Ich hab den Mount Everest bestiegen.*«

1. Chefwerdung

In den meisten Fällen geht der Satz aber so weiter: »*Die ersten 200 Meter, dann ist mir das zu steil geworden.*«

Chefsprache

Chef sagt:	Chef meint:
Mir ist bewusst, dass das für Sie jetzt eine Umstellung ist, mit mir als neuem Vorgesetzten.	Aber das ist Ihr Problem, nicht meines. Also gewöhnen Sie sich besser schnell dran!
Wer ist hierfür zuständig?	Ich nicht!
Das hat absolute Top-Priorität!	Bevor Sie wieder an Ihre Arbeit gehen, erledigen Sie meine; und zwar ordentlich!
Das ist eine sehr große Verantwortung, die ich Ihnen hier übertrage!	Das ist strunzlangweilig, und außer Ihnen möchte ich das niemandem antun.
Sie können mit Problemen jederzeit zu mir kommen, mein Büro steht für Sie immer offen.	Belästigen Sie mich bloß nicht auch noch mit Ihrem Privatscheiß!

Chef sagt:	Chef meint:
Ich bin zwar jetzt der neue Chef, aber keine Sorge: Zwischen uns wird sich nichts ändern.	Nur, dass ich jetzt halt mehr verdiene, dich meine Arbeit machen lasse und dafür sorge, dass du deine Dauerkarte beim BVB zeitlich nicht mehr nutzen kannst. Und ab sofort siezt Du mich wieder!
Keine Sorge, Ihr habt nichts zu befürchten. Ich war bis gestern genau wie Ihr.	Ein Niemand, ein Nichts, ein stechuhrstechender Krümel im Kuchen der Firma. Ab heute bin ich Gott. Euer Gott!
Wir ziehen hier alle an einem Strang!	Ich hier oben, Ihr da unten.
Glaubt mir, ich weiß genau, wie man sich in Eurer Position fühlt.	Darum bin ich umso erleichterter, nicht mehr zu Eurem Versagerverein zu gehören.
In meiner Abteilung zählt Qualität, nicht Quantität!	Ich lese nicht mehr als drei Seiten. Wenn Sie es wagen sollten, mehr zu schreiben, ist Polen für Sie offen!

2. Kapitel

Der Chef im Wandel der Zeit

Vor ungefähr sehr vielen Jahren, als die Menschheit noch ganz am Anfang ihrer Entwicklung stand, saß eine größere Gruppe Urmenschen am Lagerfeuer in ihrer Höhle und wartete auf frischerlegtes Mammutfleisch. Als der Jäger, also der stärkste und schnellste der Gruppe, zurückkam, übergab er das Fleisch einem anderen, der es gerecht zerlegte und unter den Umsitzenden verteilte. Das war der klügste und umsichtigste anwesende Urmensch. Bevor es jetzt richtig gemütlich werden konnte, griff sich ein bis jetzt unbeachteter, eher schmächtiger Kerl völlig unvermittelt die besten Stücke aus den Händen der anderen und begann zu essen. Die Bestohlenen wurden sauer und es ergab sich folgender Dialog:

Urmensch:
Hmmmpf!
(Übersetzung: Ey, gib mir das zurück, das ist meins!)

Urfiesling:
Gnnnrps!
(Übersetzung: Am Arsch! Wenn's deins wär, würde ich es jetzt nicht essen! Du bist schön still! Und tau' einen Eiszapfen auf, ich hab Durst!)

Urmensch:
Hrrrr?
(Übersetzung: Warum sollte ich das wohl tun?)

2. Der Chef im Wandel der Zeit

Anderer Urmensch:
Glummmm!
(Übersetzung: Eine Frechheit!)

Urfiesling:
Ffffump!
(Übersetzung: Weil ICH das sage!)

Der erste Chef war geboren.
Die Übersetzung aus dem Urmenschlichen können wir uns heutzutage sparen. Verblüffenderweise haben sich aber die Kernaussagen der Chefs auch im Verlauf von Zehntausenden von Jahren inhaltlich nicht großartig weggemendelt. Was sich verändert hat, sind lediglich die

Formulierungen, mit denen die Chefs von heute ihren Mitarbeitern begreiflich machen, wer das Sagen hat. Die Szenerie ist im Grunde geblieben ...

Vor ungefähr sehr kurzer Zeit, als die neue Schadensregulierungsgruppenaufteilung fast am Ende ihrer Durchführung stand, saß eine größere Gruppe Mitarbeiter in der Kaffeeküche der CAPITOL-Versicherung und wartete auf frische Teilchen aus der Kantine. Als Erika zurückkam, übergab sie die Teilchen Tanja, die sie gerecht zerlegte und unter den Umsitzenden verteilte. Bevor es jetzt richtig gemütlich werden konnte, kam Sabine Buhrer (ich sag ja immer »Sabbel«) aus der Buchhaltung und knallte einen Stapel dringender Anträge auf den Tisch. Murrend griff sich jeder ein paar davon und wollte sich an die Bearbeitung machen. Ein bis jetzt unbeachteter, eher schmächtiger Kerl übergab völlig unvermittelt all seine Arbeit in die Hände der anderen und begann, Teilchen zu essen. Die Mitarbeiter wurden sauer und es ergab sich folgender Dialog:

Ulf:
Ey, das sind die Großkunden-Anträge! Das ist Ihr Job!

Chef:
Joa ... seh' ich ja jetzt nicht so. Die befinden sich auf deinem Stapel, Ulf!

2. Der Chef im Wandel der Zeit

Ulf:

Weil Sie mir die hier einfach ... die mach ich nicht!
Warum sollte ich auch?!

Erika:

Eine Frechheit!

Chef sagt:

Ja Kinder! Es geht hier doch nicht darum, jemandem
von euch Mehrarbeit aufzudrücken! Der Papa hat heute
noch ein paar wichtigere Sachen zu erledigen als diesen
überflüssigen ... Ich muss den ganzen Kram immerhin
koordinieren! Und damit halte ich Euch ja im Grunde
den Rücken frei!

Wie Sie sehen – viel verändert hat sich nicht. Gemeint ist nach wie vor:

> **Chef meint:**
> Weil ICH das sage!

Sogar die Reaktionen bei den Umstehenden sind exakt gleich: Unzufriedenes Grunzen, Kopfschütteln allüberall ... aber man fügt sich. Was nämlich schon immer galt:

 Mit Chefs legt man sich nicht gerne an.

Die meisten Chefs sind nicht Chef geworden, weil sie schneller sind, stärker, gerechter oder auch nur schöner und größer – weder damals noch heute.

> **Chef sagt:**
> Ein guter Chef schafft ein angenehmes Betriebsklima, sorgt für ein freundliches Miteinander und das Anerkennen von Autoritäten. Das ist das ganze Geheimnis einer funktionierenden Abteilung.
>
> **Chef meint:**
> Ich kann sie alle feuern. Und das wissen die.

Alles nur eine Frage der Formulierung. Natürlich wissen die meisten Mitarbeiter unterbewusst ganz genau, was ihr Chef mit bestimmten Sätzen meint. Wenn heute ein Chef um fünf vor vier sagt:

2. Der Chef im Wandel der Zeit

Chef sagt:
Ich bin jetzt außer Haus in Terminen.

Dann ist selbst dem letzten Kollegen klar:

Chef meint:
Feierabend!

Alles, was an dringender Arbeit an diesem Tag noch zu erledigen ist, wird von Seiten des Chefs ganz sicher nicht mehr kommentiert. Da kann man sich als Mitarbeiter jetzt aufregen, weil der Ärger wegen aller Verzögerungen definitiv an einem selbst hängenbleibt, oder man kann mit den Schultern zucken, den Rechner runterfahren und sich sagen:

> Feierabend ist, wenn der Chef geht.

Schließlich ist morgen auch noch ein Tag, an dem man sich um die Arbeit des Chefs kümmern kann. Mit unzufriedenem Grunzen und Kopfschütteln, aber man wird es trotzdem tun.
Warum das so ist? Heute wie damals? Und warum das auch in einer Million Jahren noch genauso sein wird? Fragen Sie Ihren Chef, der wird es Ihnen mitteilen, wenn auch anders formuliert:

Chef sagt:
Weil ICH das sage!

Chefsprache

Chef sagt:	Chef meint:
Ich weiß doch, dass das nicht Ihre Schuld ist!	Aber da ich schlecht sagen kann, dass es meine Schuld ist, werde ich das genau so nach oben weiterkommunizieren!
Wenn es nach mir ginge, würden Sie in einer weitaus verantwortungsvolleren Position arbeiten!	Sie sind der Einzige in dem Laden, der mir gefährlich werden könnte. Sie können sich gar nicht vorstellen, was ich denen da oben alles über Sie erzähle!
Haben Sie gestern auch diese neue Sendung gesehen?	Wenn Sie »Ja« sagen, haben Sie definitiv zu früh Feierabend gemacht!
Haben Sie schon das Neueste gehört?	Ich krieg hier nichts mit. Der Flurfunk ist kaputt. Informieren Sie mich über die neuesten Gerüchte!
Ich bewundere Sie für Ihre Kollegialität.	Ihre Kollegen nutzen Ihre Hilfsbereitschaft gnadenlos aus. Wie blöd sind Sie eigentlich?

3. Kapitel

Der Umgang mit den Mitarbeitern

Chef sein könnte so schön sein. Wenn da nicht die vielen kleinen Stolpersteine und Fettnäpfchen wären, die einem jeden Tag im Büro begegnen: die Mitarbeiter.

Und weil man die als Chef nicht immer umgehen kann, muss man mit Ihnen umgehen können, sag ich immer.

Regel | **Jeder Bauernhof ist leichter zu managen als eine Horde Mitarbeiter.**

Als Bauer, da weiß man: »*Aha, die Kuh da hat schlechte Laune, die muss bestimmt gemolken werden.*« Oder: »*Das Schwein ist dick genug, das muss bald mal geschlachtet werden.*« Das alles weiß der Bauer und er hat immer recht damit. Weil da einfach das grundsätzliche Verhältnis stimmt, zwischen Bauer und Vieh.

Im Büro ist das anders. Da wird so eine Kuh gerne mal völlig überraschend zum Schwein. Jetzt im übertragenen Sinn. Da reicht es für einen Chef eben nicht aus, seine Mitarbeiter nur zu kennen.

z.B. Wenn bei uns in der Abteilung zum Beispiel die Erika Burstedt weinend in der Kaffeeküche sitzt, liegt die Vermutung nahe, dass entweder die Kekse alle sind oder die Kantine komplett auf vegetarisch umgestellt hat. Könnte man meinen. Als Chef, der seine Mitarbeiter kennt, sollte man jetzt also seine private Keksdose holen und der weinenden Kollegin etwas anbieten. Das kann dann aber unter Umständen so laufen:

3. Umgang mit Mitarbeitern

Chef:
Keks?

Erika:
Was?

Chef:
Ja, nun nehmen Sie schon, greifen Sie ruhig tüchtig zu. Dann sieht die Welt bestimmt schon wieder ganz anders aus. Sind auch die guten mit Füllung.

Erika:
Sie meinen wohl auch, nur weil ich ein bisschen … Wenn die dicke Tante weint, dann liegt's bestimmt am fehlenden Essen, was? Sie sind so ein unsensibles … echt!

So, bumms. Da wollten Sie Ihrer Lieblingskollegin etwas Gutes tun und was ist der Dank? Von jetzt auf gleich sind Sie ein »unsensibles … echt«!

Nie war der Begriff des Fettnäpfchens passender als in dieser Situation, die – ganz nebenbei – natürlich dem Kollegen Becker formvollendet entglitten ist. Was ist hier passiert? Was hätten Sie als Chef anders machen können? Im Grunde lag es nur an einer winzigen Kleinigkeit, mit der Sie die Situation völlig stressfrei hätten meistern können. Lesen und lernen Sie vom Meister der psychologischen Mitarbeiterführung, wie das geht:

Chef (Ich):
Hmmm, das sind aber mal leckere Kekse hier, alter Falter!

Erika:
Ich bin grad wirklich nicht in der Stimmung für so was.

Chef (Ich):
Wirklich, das ist das Beste, an dem ich jemals geknabbert hab'. Und ich hab' ja schon an so einigem …

Erika:
Ja? Ja dann … kann ich da vielleicht auch mal …? So eins, zum probieren?

3. Umgang mit Mitarbeitern

Chef (Ich):
Ja, aber natürlich! Komm, ich lass Ihnen direkt die ganze Packung. Man muss ja innerhalb einer Abteilung auch mal austeilen. Dafür bin ich ja da!

Erika:
Och, direkt die ganze? Das ist aber lieb von Ihnen. Vielen Dank!

Schon ist wieder alles gut. Und bevor Sie jetzt ganz aufgeregt mit dem Zeigefinger wedeln von wegen »*Ja, aber die Ursache für das Weinen der Mitarbeiterin, die haben Sie ja gar nicht …*« – Muss ich auch nicht. Ich bin Chef, kein Seelendoktor. Fakt ist:

Eine weinende Mitarbeiterin arbeitet mein, also IHR Tagespensum nicht weg, und nur das gilt es für einen Chef zu gewährleisten.

Wenn Sie das nur dadurch hinbekommen, dass Sie die Mitarbeiterin zum Kekse essen animieren und dabei darauf achten, dass sie das selbst für eine großartige Lösung hält, dann tun Sie es! Intuition ist hier das Zauberwort. Verlassen Sie sich auf Ihre Menschenkenntnis, so wie ich!

Trotzdem ist Chef sein wie Privatfernsehen gucken. Im Bedarfsfall muss man blitzschnell umschalten können. Und Bedarfsfall ist im Büro ja ständig.

z.B. Kaum hat man einen frisch gefeuerten Mitarbeiter getröstet, kommt schon der nächste von einer Beerdigung und man hat kaum genug Zeit, rechtzeitig von Mitleid auf Beileid umzuheucheln. Da muss man als Chef gut aufpassen, dass man sich gedanklich nicht noch in der vorangegangenen Unterhaltung befindet:

Mitarbeiter:
Das ist wirklich schlimm, wenn jemand so jung und völlig unerwartet von uns gehen muss.

Chef:
Naja, unerwartet … Hätten Sie den Toner nicht geklaut, wäre es nie soweit gekommen.

3. Umgang mit Mitarbeitern

Das ist jetzt für Sie auf zweifache Weise dumm gelaufen. Zum einen war es mit Sicherheit ein Betriebsgeheimnis, dass der Kollege von vorher aufgrund eines Diebstahls gegangen wurde und zum anderen haben Sie soeben einen trauernden Kollegen (zumindest indirekt) des Mordes beschuldigt. Wenn auch nur aus Versehen. Das darf Ihnen als Chef nicht passieren. Wenn ein Mitarbeiter Ihnen etwas erzählt und dabei einen emotional angeknacksten Eindruck macht, sollten Sie grundsätzlich verständnisvoll nicken und sich auf den ultimativen Chefsatz in Krisensituationen berufen.

> »Jetzt stellen Sie sich mal nicht so an.«

Das ist aufmunternd, holt den Betreffenden wieder auf den Boden der Tatsachen zurück und impliziert, dass es durchaus Leute gibt, denen es noch schlechter geht. Sie zum Beispiel, weil sie sich solche strunzlangweiligen Privatanekdoten täglich mehrfach anhören müssen.

Wenn Sie eher der kuschelige Typ Chef sind, dann legen Sie dem vom Schicksal Gebeutelten abschließend noch Ihre Hand auf die Schulter, sehen ihm ernst in die Augen und gehen seufzend weiter. Er wird es Ihnen danken. Vielleicht nicht sofort, vielleicht nicht mit Worten oder Taten, vielleicht auch eher gar nicht, aber mal im Ernst: Das kann Ihnen doch völlig egal sein.

Eine andere Situation, in die man als Chef gerne mal unvermutet kommt, ist die folgende:

Mitarbeiter:
Entschuldigung, hier dieser Vorgang. Wie waren da noch mal die neuen Bestimmungen?

Chef:
Welcher Vorgang? Welche neuen Bestimmungen?

Ich brauche Ihnen jetzt vermutlich nicht zu sagen, dass das nicht nur eine blöde Situation, sondern auch die allerfalscheste Antwort ist, die Sie als Chef geben können. Natürlich kommt es vor, dass Sie aus Versehen mal für einen Moment nicht wissen, wovon genau die Rede ist – manche Kollegen überrumpeln ihren Chef ja auch regelrecht mit Fangfragen – aber gerade dann dürfen Sie unter keinen Umständen Schwäche zeigen!

Darauf warten solche Mitarbeiter doch nur. Mit einem freundlichen Lächeln im Gesicht und dem gezückten Messer in der Hand. Die korrekte Antwort auf eine Frage, die Sie inhaltlich nicht verstanden haben, lautet deshalb immer:

Chef:
Wo waren Sie denn, als die neuen Bestimmungen durchgesetzt wurden?

3. Umgang mit Mitarbeitern

Das bringt Ihnen zwei Vorteile: Den zeitlichen, weil Ihnen unter Umständen spontan noch einfallen könnte, wovon zum Teufel der Mensch mit der Akte gerade redet, und den hierarchischen. Er muss sich jetzt verteidigen. Er hat vergessen, wie er seine Arbeit zu erledigen hat. Wofür machen Sie sich denn die ganze Arbeit und bringen neue Bestimmungen auf den Weg, wenn sich der Mob im Büro nicht mal die Mühe macht, sich damit auch nur ansatzweise auseinanderzusetzen?! Als ob Sie als Chef nichts Besseres zu tun hätten, als grundlegendes Wissen in die Köpfe Ihrer Mitarbeiter zu wemmsen … Eine Frechheit sondergleichen!

(Das wäre dann auch in etwa der Inhalt Ihrer weiteren Antwort, sollte der Mitarbeiter tatsächlich einen guten Grund haben, die Bestimmung nicht zu kennen.)

Keinerlei verbale Ausfälle dürfen Sie sich hingegen leisten, wenn es um Smalltalk mit einer Person geht, die mehr zu sagen hat als Sie. Wenn Sie also quasi von Chef zu Über-Chef kommunizieren müssen. »Himalaja-Socializing« heißt das in Führungskreisen. Zumindest sollte es so heißen, finde ich.

Und wenn man sich dann so von K2 zu Everest unterhält, wer vom Team grad erfolgreich hochklettert und wen man besser abstürzen lassen sollte, dann gibt es eine wichtige Regel. Die ist in dem Fall für Sie sogar relativ einfach zu behalten:

Behandeln Sie Ihren Chef stets so, wie Sie von Ihren Untergebenen behandelt werden wollen.

Und verwechseln sie »behandelt werden wollen« auf keinen Fall mit »behandelt werden«, das wäre, je nach Ihrem momentanen Beliebtheitsstatus, mindestens verhängnisvoll, wenn nicht sogar ein Kündigungsgrund.

Chefsprache

Chef sagt:

Entschuldigen Sie? Wenn Sie gleich kurz Zeit hätten, könnten Sie dann bitte in mein Büro kommen?
Ich hätte da eine Aufgabe für Sie.

Chef meint:

Hey, Sie da! In mein Büro, aber zackig!
Gibt Arbeit!

Wenn Sie es zeitlich einrichten könnten, würden Sie diese Aufgabe dann noch erledigen?

Das war keine Bitte.
Ein bisschen plötzlich, Sie fauler Hund!

3. Umgang mit Mitarbeitern

Chef sagt:

Ich finde es ganz großartig, wie Sie hier im Büro immer die Kollegen unterhalten. Das heitert die allgemeine Stimmung extrem auf.

Chef meint:

Noch ein Witz auf meine Kosten und Sie sind raus!

Ach so. Nein, wenn Ihr Jüngster heute Geburtstag hat, dann können Sie selbstverständlich früher nach Hause gehen. Wird sich schon jemand finden, der die Arbeit übernimmt.

So, DAS war jetzt ein Witz. Ist der angekommen, oder muss ich erst brüllen?!

Klar ist das ganz schön viel Arbeit, aber Sie schaffen das schon.

Meine Güte, Sie bekommen echt schon vom PC-Hochfahren ein Burn-Out, was? Weichei!

Keine Hektik, Rom wurde auch nicht an einem Tag erbaut.

In Ihrem Tempo hätten andere ganz Italien fertig bekommen.

Haben Sie zu dem Thema noch etwas hinzuzufügen?

Sie gucken schon wieder so rebellisch – seien Sie bloß still!

Chef sagt:	Chef meint:
Ich verstehe Ihren Standpunkt.	Er interessiert mich aber nicht.
Interessanter Ansatz …	Was für ein Schwachsinn …
Sie haben bestimmt Recht mit dem, was Sie sagen …	Sie labern direkt in den Papierkorb, merken Sie das?!
Nein, nein. Das mache ich selbst, das brauchen Sie wirklich nicht auch noch für mich zu übernehmen, so dringend ist das nicht …	10 … 9 … 8 … 7 …
Ich erzähle Ihnen jetzt mal etwas im Vertrauen. Muss aber unter uns bleiben …	Das ist ein Test. Mein Nebenjob ist Flurfunker. Wenn sie reden, merke ich das. Und das wäre dann Ihr ganz privates Pearl Harbor!
Es war nicht meine Idee, dass Sie das auch noch übernehmen.	Ich hab denen gesagt, ich zieh Ihnen die Hammelbeine lang, wenn Sie nicht spuren!

4. Kapitel

Der Umgang mit besonders schwierigen Mitarbeitern (Frauen)

Selbst der allerbeste Chef der Welt wird zugeben, dass es eine Personengruppe innerhalb seiner Mitarbeiter gibt, bei der es nahezu unmöglich ist, immer den richtigen Tonfall zu treffen: Frauen.

Chef:
Guten Morgen.

Mitarbeiterin:
Was soll das denn jetzt wieder heißen?!

Nicht immer einfach. Wobei Frauen im Büro grundsätzlich sehr wünschenswert sind. Aber hallo! Frauen sind im Büro die Latte Macchiato mit Schokostreuseln unter all

dem schwarzen Kaffee. Trotzdem muss man da als Chef beim Genießen vorsichtig sein:

 Schlürfen, nicht schlucken!

Beziehungsweise Ihre Begeisterung für Latte Macchiato mit Bedacht formulieren. Sonst verbrennt man sich die Zunge.

Chef sagt:
Mein lieber Herr Gesangsverein! Wenn Sie ein Kinofilm wären, würd' ich reingehen – allein der Ausschnitt überzeugt!

Chef meint:
(Genau das.)

Vertrauen Sie dem Experten:

So eine Klage wegen sexueller Belästigung am Arbeitsplatz, die hat man schneller an der Backe als Mumps.

Aber zurück zu den Frauen …

Im Büro kann man als Chef auf zwei Arten von Frauen treffen. Die Guten und die weniger Guten. Bis hierhin ganz einfach. Die Guten zeichnen sich dadurch aus, dass sie ihre Arbeit (im Rahmen ihrer Möglichkeiten) kompetent und zügig erledigen, Sie als Chef respektieren und keinerlei Ambitionen haben, Ihren Job in Frage zu stellen oder sogar übernehmen zu wollen. Meistens sehen diese Frauen zusätzlich, quasi als kleines Extra von Mutter Büronatur, auch noch gut aus. Solche »guten Bürofrauen« erkennen Sie, außer an Optik und Haptik, an Sätzen wie:

Gute Mitarbeiterin:

✔ Guten Morgen, möchten Sie auch einen Kaffee?

✔ Ich bin gerade mit meinem Tagespensum fertig geworden, kann ich Ihnen vielleicht noch etwas abnehmen?

✔ Sie sehen so abgespannt aus, dürfte ich Ihnen mit einer Nackenmassage helfen? Ich habe einen Kurs an der VHS belegt und privat so wenig Gelegenheit zum Üben.

So was ist von Chefseite umgehend mit einem freundlichen »*Sehr gerne, vielen Dank*« zu beantworten. Machen Sie diesen Mitarbeiterinnen einfach mal spontan die Freude, Ihnen helfen zu dürfen. Auch, wenn Sie gerade eigentlich gar keine Zeit haben. Das Menschliche ist hier ein ganz wichtiger Aspekt.

Die »weniger guten Bürofrauen« sagen so etwas nicht. Die haben keine Zeit für Freundlichkeiten, erledigen stur ihre Arbeit, hetzen in der Mittagspause aus reinem Spaß an der Freud die verbliebenen Latte Macchiatos gegen Sie

4. Der Umgang mit ... Frauen

auf und sägen an Ihrem Stuhl, während Sie noch drauf sitzen. Und weil genau diese Frauen meist Freundinnen im Betriebsrat haben, bringen die Sie als Chef sogar dazu, hilfreich die Beine anzuheben, damit eine störungsfreie Sägearbeit gewährleistet werden kann. Typische Sätze dieser – meist deformierten – Mitarbeiterinnen sind:

Weniger gute Mitarbeiterin:
✔ Ach, haben Sie wieder nur für sich Kaffee geholt?
✔ Sind Sie immer noch nicht mit der Kontrolle meiner Akten fertig? Wenn Sie das heute nicht mehr hinbekommen, mach' ich jetzt Feierabend.
✔ Sie sehen nicht gut aus. Wenn Sie das überfordert, übernehme ich Ihre Arbeit gerne auch noch und bespreche das mit der Geschäftsführung.

Da können Sie als Chef jetzt nicht so gut »*Sehr gerne, vielen Dank*« drauf sagen. Eigentlich können Sie da gar nicht sonderlich viel drauf erwidern, auf so offensive Angriffe reagiert man am besten wie im Krieg. In die Defensive gehen, den Gegner auspowern lassen und dann zurückschlagen, wenn er es am wenigsten erwartet. Und zwar radikal. In diesem Fall mit einem:

Chef:
Wow, Sie sehen aber gut aus heute! Wenn ich nicht so große Angst vor dem Betriebsrat hätte, würde ich fast sagen »sexy«!

Wenn Sie Glück haben, funktioniert das.

 Glück gehört im Umgang mit weiblichen Mitarbeitern immer dazu.

Das ist ein Drahtseilakt. Im Gegensatz zu männlichen Mitarbeitern nehmen Frauen einen kameradschaftlich gemeinten Klaps oder eine witzig gemeinte Anspielung meist weit weniger positiv auf.

Das liegt meiner Meinung nach vor allem daran, dass Frauen immer alles persönlich nehmen. Folgende, harmlose Situation:

4. Der Umgang mit … Frauen

> **Chef:**
> Na Frau Burstedt, Sie duften aber mal gut. Noch einiges vor heute Abend, was?
>
> **Mitarbeiterin:**
> Wieso? Wie soll ich das denn jetzt verstehen?
>
> **Chef:**
> Positiv! Das war ein Kompliment, ich wollte Ihnen damit nur sagen …
>
> **Mitarbeiterin:**
> Stinke ich sonst, oder was?! Und mein Privatleben geht Sie überhaupt nichts an! Ich kann in meiner Freizeit machen, was ich will, dass das mal klar ist!

Und schon haben Sie den Salat. Ein nett gemeintes Kompliment, vorgetäuschtes Interesse am Privatleben, freundschaftlicher Umgangston … alles Sachen, nach denen sich jeder männliche Mitarbeiter die stempelkissengeschwärzten Patschehändchen lecken würde.

 Bei einer Frau müssen Sie immer davon ausgehen, dass sie alles komplett in den falschen Hals bekommt.

Bei uns in der CAPITOL gibt es so gravierende Probleme natürlich nicht. Ich habe einen ganz ausgezeichneten Draht zu meinen Mitarbeitern, gerade zu den weiblichen.

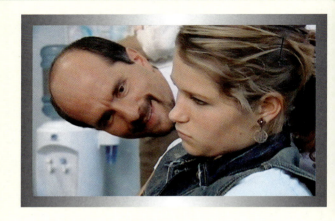

Gut, das liegt in erster Linie daran, dass ich menschlich einfach mehr drauf habe als der deutsche Durchschnittschef. Und, weil ich immer mehrere Ohren offen habe für meine Mädels. Wenn ich da frage: »*Hört mal, Mädels, ich schreib' hier grad ein Buch über die Verständigung zwischen Chef und Mitarbeitern, würdet Ihr da mal was beisteuern?*« Da sind die doch sofort gerne mit dabei!

Tanja Seifert:
Chefsprache ist ja jetzt eigentlich nicht so mein Ding. Also, mit einem Chef redet man natürlich anders als jetzt zum Beispiel … mit Herrn Stromberg. Der ist ja auch ein Chef, aber der ist ja nicht so … Der Herr Becker, zum Bei-

4. Der Umgang mit ... Frauen

spiel, das ist ein Chef. Dem würde ich ja nie erzählen, dass ich grad nicht so konzentriert arbeiten kann, weil ich Stress mit Ulf hab'. So was sagt man seinem Chef ja nicht. Sonst glaubt der, dass man seine Arbeit vernachlässigen würde. Gerade bei Frauen. Da sind so Chefs dann alle gleich. Hat aber auch Vorteile. Ich meine, ich glaub nicht, dass, wenn der Ulf traurig wäre und das dem Herrn Stromberg erzählen würde, dass er dann früher nach Hause gehen dürfte. Und am nächsten Tag ein Überraschungs-Ei auf dem Schreibtisch hätte. Und eine Rose. Und eine Einladung zum Candle-Light-Dinner ...

Erika Burstedt:
Ich finde, man sollte mit Chefs reden wie mit normalen Menschen. Sind die ja im Grunde auch. Also, Menschen jetzt. Und nur, weil die die Macht haben, hier Leute zu feuern, da kriech' ich bestimmt niemandem ... seh' ich gar nicht ein. Hier, der Herr Stromberg, der ist ja auch nicht wirklich böse und meistens will er einen mit seinen Sprüchen ja nur unterhalten. So wie diese Pantomimen auf der Straße. Die wollen ja auch nur unterhalten und trotzdem denkt man sich da immer: »Merken die nicht, wie peinlich die sind?« Aber man sagt es ihnen natürlich nicht, sie geben sich ja Mühe. So wie der Herr Stromberg ja auch. Im Grunde.

Chefsprache

Chef sagt:

Haben Sie heute Abend schon etwas vor?

Chef meint:

Ich nämlich auch nicht. Zu Ihnen oder zu mir?

Ach, die neue Hose steht Ihnen aber gut … Sportlich!

Wenn Sie wollen, dass ich Sie weiter fördere, sollten Sie ganz schnell wieder Röcke tragen.

Es ist leider oft so, dass eine Frau im selben Beruf wie ein männlicher Kollege doppelt so viel leisten muss.

Tja, ich hab die Regeln nicht gemacht – ich find sie nur gut.

Ich übertrage diese Aufgabe lieber Ihnen als einem Ihrer Kollegen. Sie als Frau haben da den Multi-Tasking-Fähigkeits-Vorteil.

Wenn Sie zeitgleich mit Ihrer Schwester telefonieren und sich die Fingernägel feilen können, können Sie bestimmt zwischendurch auch noch arbeiten.

5. Kapitel

Erfolgreiches Delegieren

Dieses Kapitel wird besonders für die »normalen« Mitarbeiter interessant sein (wobei ich an dieser Stelle auch die Frauen dazuzählen möchte).

z.B. Man kommt morgens noch halb verpeilt ins Büro, die Gedanken gehen nicht über »*Kaffee, ich brauche dringend Kaffee!*« hinaus, und nach einem müden Blick auf den Schreibtisch und einem genervten Seufzen folgen sie dann – die häufigsten Bürosätze aller Zeiten:

Mitarbeiter:
✔ Warum liegt das jetzt auf meinem Schreibtisch?!
✔ Das ist eigentlich überhaupt nicht mein Job!
✔ Wieso immer ich?!

Die kennt wohl jeder. Egal in welchem Büro, egal in welcher Branche, egal wer einen dieser Sätze gerade zu wem sagt: Der Grund dafür ist immer derselbe:

> Chef sein heißt beschäftigt sein!

Egal womit. Ob er sich mit hochbrisanten Firmenentscheidungen herumplagt oder mit Schwierigkeitsstufe 3 beim Online-Spidersolitär – ein Chef mit Zeit hat etwas falsch gemacht. Das gilt es auch immer seinen Mitarbeitern klar zu machen. Die nennen diesen Vorgang »Arbeit abwälzen«. Der Chef nicht. Bei dem heißt das »delegieren«.

5. Erfolgreiches Delegieren

Wenn Sie Ihren Chef also zufällig auf dem Flur zusammen mit seinem Über-Chef stehen sehen und folgende Worte hören:

Chef sagt:
Ich werde mich persönlich um die sofortige Bearbeitung kümmern!

Dann sehen Sie zu, dass Sie Land gewinnen. Und zwar zackig, denn der ...

Chef meint:
Das delegiere ich umgehend weg.

Und zwar an Sie, wenn Sie in den nächsten Sekunden nicht aus dem Blickfeld verschwunden sind.

Da ein waschechter Chef ja immer viel zu tun und selten Zeit hat, ist es für ihn einfach unerlässlich, bestimmte Dinge weiter oder weg zu delegieren. Er sucht sich also einen Mitarbeiter aus, dem er diesen Arbeitsvorgang übertragen möchte. Wie macht er das am besten?

 Der Chef sucht sich beim Weiterdelegieren stets einen Mitarbeiter aus, der in der Lage ist, seine Arbeit sorgfältig und prompt zu erledigen.

Sonst könnte er es ja gleich selbst machen. Dafür halten in den meisten Fällen die Bürostreber her oder aber derjenige, der am langsamsten rennt. (Das sind entweder die Dicken, die Alten oder, bei uns, der Ernie.)

 Der Chef muss darauf achten, dass der betreffende Mitarbeiter keine Ahnung davon hat, dass er die Arbeit übernehmen soll.

Sprich: Der Mitarbeiter darf nicht dabei sein, wenn ihm sein Vorgesetzter die Arbeit überträgt. Dabei muss man als Chef sehr vorsichtig sein, manche Kollegen haben ein Gehör wie eine Fledermaus oder verstecken sich heimlich hinter Topfpflanzen. Chefs sind aber mindestens genauso clever, darum seien Sie nicht überrascht, wenn Sie Ihr Fer-

5. Erfolgreiches Delegieren

tiggericht in der Mikrowelle erhitzen wollen und darin eine Akte mit Ihrem Namen drauf und der Notiz »Bearbeite mich!« finden.

 Meistens wird der Chef dem Mitarbeiter das Gefühl geben, mit dieser Aufgabe etwas Wichtiges für das Unternehmen zu leisten.
Er kommt also auf Sie zu und sagt:

Chef sagt:
Dieser Vorgang hat Top-Priorität und Sie sind der Einzige, dem ich hierbei sowohl die nötige Kompetenz als auch die Gewissenhaftigkeit bei der Ausführung zutraue.

So schön sich das jetzt auch erst mal für Sie anhört, es ist leider so, dass der ...

> **Chef meint:**
> Hier, das hier ist ... keine Ahnung, was das ist, aber es ist viel Arbeit und ich fände es ganz prima, wenn Sie das für mich übernehmen würden.

Merken Sie sich grundsätzlich:

 Ehrlichkeit hat beim Delegieren nichts zu suchen.

Ihr Chef wird Ihnen das Blaue vom Himmel versprechen, um die Arbeit auf Sie abzuwälzen. Chef sein und delegieren gehören zusammen wie Kantine und Magenkrämpfe. Ein guter Chef delegiert nicht nur alle Arbeit in Rekordzeit weg, er delegiert weitere Unter-Delegierer, die das für ihn erledigen.

> **Chef sagt:**
> Das alles hier muss sofort bearbeitet werden. Kümmern Sie sich bitte darum.
>
> **Chef meint:**
> Das ist der komplette Wust, der noch zu erledigen ist. Wenn Sie clever sind, verteilen Sie es weiter und behaupten, ich hätte das gesagt.

5. Erfolgreiches Delegieren

Das ist jetzt gleichzeitig eine Art Test für Sie. Wenn Sie in der Lage sind, Kollegen zu finden, die die Arbeit stemmen, ist Ihr Chef unter Umständen sogar stolz auf Sie! Oder er ist stinksauer, weil er doch etwas anderes gemeint hat. Dann nicht. Dann stehen Sie relativ blöd da. Na ja, am besten entscheiden Sie spontan ...

Die meisten Chefs verstehen es ganz hervorragend, ihren Mitarbeitern die weiterdelegierte Arbeit schmackhaft zu machen:

Chef sagt:
Ich gebe das direkt nach der Bearbeitung weiter an die Geschäftsführung. Der Name, der dann im Absender steht, steht automatisch ganz oben auf der Beförderungsliste.

Chef meint:
Mein Name steht direkt nach Ihrer Bearbeitung ganz oben auf der Beförderungsliste. Schönen Tag noch.

Bevor Sie sich jetzt aufregen, weil Sie diesen oder ähnliche Sätze selbst schon des Öfteren von Ihrem Chef gehört haben – denken Sie immer daran:

 Es ist nicht persönlich gemeint.

Ihr Chef vertraut Ihnen wirklich, wenn er Ihnen wichtige Arbeiten (die er eigentlich selbst erledigen sollte) übergibt. Er weiß, was er an Ihnen hat und wird einen Teufel tun und sich von Ihnen trennen. Was auch heißt:

 Wenn der Chef befördert wird, nimmt er Sie mit. Wenn er gefeuert wird, weil Sie seine Arbeit nicht ordentlich gemacht haben, allerdings auch ...

Im Normalfall will der Chef aber nur delegieren und das möglichst stressfrei. Mitunter gibt er Ihnen sogar das Gefühl, dass Sie nicht alleine sind. Sehr beliebt ist dabei der Satz:

Chef sagt:
Wenn Sie irgendwelche Probleme haben, scheuen Sie sich nicht, mich zu fragen.

Chef meint:
Ich werde aber leider auch keine Ahnung haben, worum es geht.

Das klingt alles sehr nach »Arschkarte verteilen« und »*Von mir für Sie: Ein Haufen Überstunden!*« … und genauso ist es auch.

Immerhin können Sie darauf auf zwei komplett unterschiedliche Arten falsch reagieren: Sie können von An-

5. Erfolgreiches Delegieren

fang an sagen, dass Sie das nicht schaffen oder können – womit Sie eine Karriere unter diesem Chef für immer in den Wind geschrieben haben.

Oder Sie können Ihr Bestes tun, die Aufgabe vorbildlich erledigen und sie Ihrem Chef zu seiner vollsten Zufriedenheit abliefern – und dann raten Sie mal, wer von nun an all die Problemfälle aufs Auge gedrückt bekommt …

(Falls Sie bis hierhin gelesen haben, weil Sie wissen wollten, wie Sie aus so einer Nummer wieder rauskommen – kommen Sie nicht! Ich wollte Ihnen nur die ganze Ausweglosigkeit dieser Situation noch ein Weilchen unter die Nase reiben …)

Chefsprache

Chef sagt:	Chef meint:
Ich habe hier eine sehr interessante Aufgabe für Sie!	Sie werden heute sehr lange sehr langweilige Dinge bearbeiten!
Ich würde das eigentlich am liebsten selbst machen …	… aber ich muss ganz dringend die Fliesen an der Wand in der Kaffeeküche zählen.

Chef sagt:	**Chef meint:**
Ich weiß, das ist ungeheuer viel Arbeit. Bitte denken Sie auf jeden Fall daran, dass Sie die vertraglich festgeschriebene Stundenarbeitszahl nicht überschreiten!	Wenn Sie bis sieben nicht durch sind, nehmen Sie das mit nach Hause und machen Sie es da fertig. Sonst krieg ich Ärger mit dem Betriebsrat.
Wenn Sie alleine nicht klarkommen, nehmen Sie sich ruhig noch einen Ihrer Kollegen dazu.	Egal wen – solange Sie mich damit in Ruhe lassen.
Wenn Sie noch Informationen brauchen: Sie wissen ja, an wen Sie sich bei der jeweiligen Thematik wenden müssen.	Hoffe ich doch stark, ich hab nämlich keine Ahnung.
Ich danke Ihnen sehr, dass Sie das übernehmen.	Jawollski! Feierabend!

6. Kapitel

Chefsache
Schuldzuweisung

Wenn der Chef morgens sein Territorium betritt, dann macht er das grundsätzlich anders als ein normaler Mitarbeiter.

z.B. Der Mitarbeiter kommt ins Büro und hat schlecht geschlafen oder beim Frühstück festgestellt, dass die Erdbeermarmelade alle ist. Oder dass er die Frau, die mit ihm am Tisch sitzt und ihm den Kaffee wegtrinkt, überhaupt nicht kennt. Dementsprechend schlecht ist seine Laune, wenn er das Büro betritt.

Kann man sich als Chef nicht erlauben. Das ist tödlich. Als Chef musst du immer konstant gut gelaunt sein. Wenn man da nicht aufpasst und die Mundwinkel nur für Sekunden unterhalb des Ohrläppchenansatzes hängen, dann überträgt sich miese Stimmung so schnell wie ein Tripper. Nur ohne den Teil mit dem Sex davor.

Merke! **Natürlich kann sich niemand ununterbrochen durch die Büros lächeln, nicht mal der allerbeste Chef kann das, wir sind hier schließlich nicht in China.**

In diesem Land kann und wird auch der Vorgesetzte mittelfristig mal etwas ungehalten sein. Da muss man nur aufpassen, dass man seine schlechte Laune bürokompatibel verpackt.

6. Chefsache Schuldzuweisung

Chef sagt:
Ich brauche die Standardzwischenberichte und ein komplettes, schriftliches Update über den jetzigen Stand der Dinge in allen Teilprojekten und zwar bis zwei Uhr!

Chef meint:
Ich hab Scheißlaune und darum sollen Sie sich jetzt auch alle ärgern. Bis zwei heißt: Es gibt nichts zum Mittag. So.

Als Mitarbeiter hält man bei solchen Ansagen lieber die Klappe und verschwindet in seinem Büro. Auf keinen Fall darauf hinweisen, dass das zeitlich alles nicht hinkommt, oder dass diese Aufgaben überhaupt nicht in Ihren Bereich fallen. Das weiß Ihr Chef vermutlich auch. Natürlich

gibt es einen Grund für die suboptimale Stimmung Ihres Chefs. Der ist für Sie aber nicht wichtig. Wichtig ist nur, dass Sie wissen: Er hat nicht vor, Sie für irgendetwas zu bestrafen, was bei Ihnen schief gelaufen ist. Er will Sie für irgendetwas bestrafen, was bei ihm schief gelaufen ist. Großer Unterschied!

Chef sagt:
In drei Stunden muss ich das … na, das hier der Geschäftsführung vorstellen. Wieso ist das denn immer noch nicht fertig?!

Wenn er so etwas zu Ihnen sagt, und Sie keine Ahnung haben, was er mit »das« überhaupt meint, können Sie fast sicher davon ausgehen, dass Ihr …

Chef meint:
Ich hab in drei Stunden einen Termin und keine Ahnung, worum es geht. Wir regeln das so: Egal, was es ist, Sie sind schuld!

Das ist jetzt vielleicht im ersten Moment schwer zu verstehen, zugegeben. Warum sollen Sie die Verantwortung für etwas übernehmen, das Ihr Chef verbockt hat? Die Lösung ist aber eigentlich relativ einfach:

 Regel **Ein Chef hat nie Schuld.**

6. Chefsache Schuldzuweisung

Ein Chef hat langsame Mitarbeiter, eine Sekretärin, die Termine durcheinander bringt und einen blöden Computer, der ständig vergisst, die wichtigsten Dokumente automatisch abzuspeichern – aber er hat nie Schuld. So einfach ist das. Genauso gut wie er im Wegdelegieren von Arbeit ist, ist er auch im Wegdelegieren von Schuld. Mindestens.

Besonders vorsichtig müssen Sie sein, wenn Ihr Chef eine gewisse Mitschuld auf sich nehmen will:

> **Chef sagt:**
> Die Hauptverantwortung trage natürlich ich, schließlich bin ich Ihr Vorgesetzter.

Da sollten Sie dann doch mal genauer zwischen den Zeilen lesen, denn hier kann es sehr gut sein, dass Ihr …

> **Chef meint:**
> Was ich mir vorwerfe, ist die Tatsache, diese Aufgabe einem so unfähigen Idioten übertragen zu haben! Da hätte ich es ja gleich selbst machen können!

Also nicht allzu dankbar gucken, wenn Ihr Chef so etwas zu Ihnen sagt. Besonders fies sind sogenannte »nonverbale Schuldzuweisungen«.

z.B. Wenn Sie zum Beispiel auf dem Flur auf Ihren Chef treffen, der gerade in eine heftige Diskussion mit seinem Über-Chef verwickelt ist. Und Ihr Chef sieht kurz mal zu Ihnen rüber, woraufhin das Gespräch abrupt leiser fortgeführt wird. Irgendeine Ahnung, was da dann gerade passiert ist? Sehr wahrscheinlich das hier:

Über-Chef:
Wie konnte das denn passieren, Sie waren dafür zuständig, dass die Sache läuft!

Chef:
Ja, aber Sie kennen das doch: Man delegiert das und dann geht man natürlich davon aus, dass alles gut läuft und …

Über-Chef:
Das ist doch völlig irrelevant! Mich interessiert nicht, wie es dazu kam, mich interessiert nur, wer für dieses Desaster verantwortlich ist!

Genau das ist der Punkt, an dem Ihr Chef mal eben kurz zu Ihnen rübergeschaut hat. Und jetzt sind Sie schuld. Auch wenn Sie mit diesem Projekt oder Vorgang oder worum auch immer es dabei gerade geht überhaupt nichts zu tun haben. Ihr Chef hat Ihnen soeben nur mit einem Kopfnicken die Gesamtschuld übertragen. Aber versuchen Sie das mal zu beweisen!

6. Chefsache Schuldzuweisung

Mitarbeiter:
Sie haben mir die Schuld in die Schuhe geschoben!

Chef:
Schuld? Wofür?

Mitarbeiter:
Keine Ahnung … für das, worüber Sie sich gerade unterhalten haben.

Chef:
Wie kommen Sie denn darauf?

Mitarbeiter:
Sie haben mich angesehen!

Sie werden zugeben: Das klingt selten dämlich. Trotzdem lege ich meine Hand als Chef dafür ins Feuer, dass die Situation in 99 % aller Fälle genauso abgelaufen ist. Ich kenne solche Leute.

Dieses »Schuldabladen« ist vielen Chefs schon so in Fleisch und Blut übergegangen, dass es manchmal sogar Vorteile für Sie hat.

Über-Chef:
Wer ist hierfür verantwortlich?

Chef:
Ich nicht! Er hier!

Über-Chef:
Na, dann: Herzlichen Glückwunsch! Hervorragende Arbeit, wir sollten uns mal über Ihre weiteren Ziele in unserem Haus unterhalten.

Auch das kommt vor. Und das reißt dann ja so einiges wieder raus.

6. Chefsache Schuldzuweisung

Chefsprache

Chef sagt:

Entschuldigen Sie die Verspätung. Wenn man sich auf seine Sekretärin verlässt … Und dann musste ich einem Mitarbeiter noch etwas erklären, und eine Kollegin kam mit ihrer Präsentation nicht zurecht … aber fangen wir an.

Chef meint:

Ich habe Ihnen genug mögliche Schuldige genannt. Suchen Sie sich einen aus.

Fehler passieren, machen Sie sich keine Sorgen.

Solange ich behaupte, dass die Fehler Ihnen passieren, mache ich mir keine Sorgen.

Niemand wird Ihnen deswegen Vorwürfe machen. Steht ja schon in der Bibel: »Wer ohne Sünde ist, der werfe den ersten Stein!«

Wenn ich grad einen zur Hand hätte, würde ich Sie jetzt sofort damit bewerfen!

Chef sagt:	Chef meint:
Es geht doch hier nicht darum, jemandem die Schuld zuzuschieben!	Aber, ganz subjektiv betrachtet, bin ICH nicht schuld. Sie schon.
Wie konnte das denn passieren, ich habe doch schon tausendmal gesagt, wie das funktioniert!	Vielleicht nicht tausendmal, vielleicht nicht Ihnen, vielleicht hab ich es auch nur gedacht, aber trotzdem … Vollidiot!
Wenn Sie das verbocken, fällt das auf die ganze Abteilung zurück. Und das wollen Sie doch nicht.	Wenn Sie das verbocken, fällt das auf mich zurück. Und das will ich nicht.
Das darf doch nicht wahr sein, dass das immer noch nicht fertig ist. Die Abteilungsleiter warten darauf!	Die Abteilungsleiter denken, ICH mach das fertig, also beeilen Sie sich gefälligst!
Egal, Fehler passieren, Schwamm drüber. In ein paar Wochen redet niemand mehr davon.	In ein paar Wochen weiß niemand mehr, dass Sie hier gearbeitet haben. Schönes Leben noch!

7. Kapitel

Zwischen Kaffee und Kantine

Es gibt in jedem Büro Situationen, in denen selbst die Mitarbeiter, die grundsätzlich gut mit ihrem Chef klarkommen, nicht genau wissen, was sie tun sollen. Das sind Situationen wie die folgende:

z.B. Man sitzt an seinem Schreibtisch und ist beschäftigt – im besten Fall mit etwas Beruflichem – und der Chef kommt rein. Bis hierher noch nichts Schlimmes, keine Situation, mit der man nicht umgehen könnte, wenn man ein reines Gewissen hat (und so ein Solitärspiel oder die ICQ-Nachrichten sind ja auch schnell wieder weggeklickt). Statt einer kurzen Frage oder einer klaren Ansage kommt dann vom Chef aber so etwas:

Chef sagt:
Na …?

Und das war's. Sonst kommt nichts. Schweigen im Walde. Die Ängstlichen unter den Kollegen oder die Neuen fragen sich in so einem Fall sofort: *»Oh Gott, was hab ich angestellt?! Der will doch was, wenn der so fragt.«* Keine Panik. Meistens kommt dann nämlich auch noch so etwas hinterher:

Chef sagt:
Und …?

7. Zwischen Kaffee und Kantine

Und wieder Schweigen. Im Normalfall wird Ihr Chef in so einer Situation außerdem in Ihrem Büro umherlaufen, sich interessiert umsehen, vielleicht in einer Zeitung blättern, die herumliegt … also nichts wirklich Sinnvolles machen. Was hat er? Was will er? – Ganz einfach:

> **Chef meint:**
> Mir ist so langweilig!

So sieht es aus. Ihr Chef ist ein guter Chef: Er hat alle anstehenden Aufgaben wegdelegiert, ein paar Mails im Haus rumgeschickt und darin unwichtige Fragen gestellt oder überflüssige Bemerkungen gemacht, damit jeder

weiß, dass er da ist und wichtig noch dazu, und jetzt ist es halb elf, noch zweieinhalb Stunden bis zur Mittagspause und er weiß nicht, was er machen soll. Langweilig. Und was macht ein Chef mit Langeweile? Er geht seinen Mitarbeitern auf die Nerven. Und zwar so:

Chef sagt:
- ✔ Ist das Ihre Frau hier auf dem Bild?
- ✔ Wohin fliegen Sie eigentlich in diesem Sommer?
- ✔ Ach, sehen Sie mal, der Baum da draußen! Der war auch schon da, als ich hier angefangen habe.

Gemeint ist aber nach wie vor:

Chef meint:
Boh, ist mir langweilig! Jetzt unterhalten Sie mich doch mal!

Das macht er nicht mit Absicht, er will Ihnen nichts Böses. Er weiß nur einfach nichts mit sich anzufangen. Und darum steht er jetzt bei Ihnen im Büro und wemmst Ihnen so existenziell wichtige Fragen um die Ohren.

Ich will Sie nicht anlügen und Ihnen erzählen, dass es leicht ist, aus so einer Nummer wieder rauszukommen, ohne den Chef tödlich zu beleidigen. Das ist es nämlich nicht!

7. Zwischen Kaffee und Kantine

Ich mache das auch immer so. Wenn mir langweilig ist, gehe ich eine Runde »Kollegen gucken«. In manchen Abteilungen heißt das »Chef auf Kontrollgang«, »Chef macht Mitarbeiter-Inventur« oder »Du, Mama, ich muss jetzt auflegen!«. Aber eigentlich ist es auch bei meinen Chef-Kollegen so, dass sie genau dann ihre Runde drehen, wenn ihnen langweilig ist.

Ich für meinen Teil mache dann zuerst einen Abstecher in die Kaffeeküche. Meistens ist da auch jemand.

Chef:
Na, Erika?

Erika:
Na?

Chef:
Und? Wie läuft es so?

Erika:
Was wollen Sie von mir!?

OK, die Erika ist da eher nicht so die adäquate Gesprächspartnerin, um die Zeit bis zur Kantine zu überbrücken, darum hol' ich mir oft auch nur einen Kaffee und gehe weiter zum Kollegen Ernie. Also, zum Herrn Heisterkamp, meine ich.

Chef:
Na, Ernie? Altes Käsegesicht? Alles Ahoj in der Brause?
Alles Roger in …

Ernie:
Ich hab hier gerade ganz viel zu tun. Auch so inhaltlich,
jetzt. Ist momentan nicht so der Moment, vom Zeitlichen her.

Chef:
Och Ernie, jetzt mach doch hier keinen auf Hektik!
Stress hat noch keinen Vorgang beschleunigt!

Ernie:
Nee, echt, das geht jetzt … ich hab keine Zeit, gerade!

7. Zwischen Kaffee und Kantine

Auch da bin ich meistens nach zehn Minuten mit der Mitarbeitermotivation durch. Wenn ich einen guten Tag habe, mache ich noch einen schnellen Beziehungscheck.

Chef:
Na ihr zwei beiden? Schon Magenkrämpfe? Flattert es noch?

Tanja:
Wie, flattert?

Chef:
Ja, die Schmetterlinge im Bauch! Muss doch noch drin sein, so lange seid Ihr doch jetzt auch noch nicht …

Ulf:
Das ist jetzt grad ein schlechtes Thema, irgendwie.

Chef:
Was, wieso? Ärger mit ihr hier? Tja Ulf, ich hab dir ja gesagt, Finger weg von den Mädels aus der Buchhaltung! So was kommt immer raus, innerhalb einer Firma.

Tanja:
Welches Mädel aus der Buchhaltung? Ulf?

Ulf:
Ich hab gar nichts gemacht! Ich war nur wegen der neuen Anträge mit der Sabine bei …

Tanja:
Mit der Sabine?! Sag mal, geht's noch?!

An dieser Stelle gehe ich dann meistens weiter. Man muss so ein junges Glück ja auch mal alleine was ausdiskutieren lassen.

Aber zurück zu Ihrem Problem: Ihr Chef steht in Ihrem Büro und macht keine Anstalten, es in absehbarer Zeit wieder zu verlassen und Sie weiterarbeiten zu lassen. Wenn Sie Glück haben, merkt er selbst, wie unangenehm die Situation ist und macht Ihnen ein Friedensangebot:

> **Chef sagt:**
> Haben Sie auch so einen Hunger?
>
> **Chef meint:**
> Wenn Sie jetzt sofort mit mir in die Kantine gehen, lasse ich Sie danach in Ruhe. Ihre Entscheidung.

Am besten gehen Sie mit, wenn Sie sich nicht anhören wollen, wie Ihr Chef damals von der Polizei festgenommen wurde, als er sich an eine alte Ulme gekettet hat, um gegen die Abholzung des Regenwaldes in Brasilien zu demonstrieren. Nur so als Ratschlag. Es gibt nämlich eine ganze Reihe von spannenden Geschichten, die Chefs ihren Mitarbeitern in Phasen der Langeweile gern mal erzählen. Und unterbrechen SIE mal Ihren Chef, wenn er Ihnen aus seiner bewegten Vergangenheit erzählt. Das ist überhaupt nicht ratsam.

Chefsprache

Chef sagt:	Chef meint:
Haben Sie gerade mal eine Minute? Mit meinem Computer stimmt etwas nicht und Sie kennen sich doch mit so etwas aus.	Ich hab keine Lust, alleine rumzuhängen. Darum hab ich mir selbst 30 Mails mit 12 MB-Anhängen geschickt, bis mein Outlook abgestürzt ist.
Wie geht es eigentlich Ihrer Frau?	Es interessiert mich nicht die Bohne, aber es ist immer noch besser, Ihnen zuzuhören, als dem Gejammer meiner eigenen Frau.
Haben Sie den neuen Auftritt unseres Unternehmens im Internet schon gesehen?	Ich schon viermal! Aber ich zeige es Ihnen gerne noch einmal und schaue es mir gerne auch bei Ihnen komplett an.
Wie kommen Sie eigentlich mit dem neuen Mitarbeiter zurecht?	Lassen Sie uns ganz ausführlich über alle Kollegen herziehen und erzählen Sie mir den neuesten Klatsch.

8. Kapitel

Kollegialer Spaß und Mobbing

Chef sein heißt auch Kasper sein.

Ohne Quatsch. Spaß ist ein im Büro oft unterschätzter Faktor. Vor allem bei Chefs. Die meisten Vorgesetzten haben einfach keine Ahnung, wie wichtig es ist, dass da von Zeit zu Zeit mal ordentlich Stimmung in die Bude kommt. So ein normaler Angestellter, der sein ganzes Leben lang im Büro verbringt, der lechzt doch geradezu nach Unterhaltung.

z.B. Zum Beispiel, wenn ein Mitarbeiter mit einem riesigen Stapel Akten ins Büro kommt und gerade eben noch so oben drüber gucken kann, wohin er läuft. Wenn da der Chef ankommt und sagt:

Chef:
Mensch, ich kann gar nicht mit ansehen, wie Sie sich abschleppen. Das ist doch viel zu schwer für Sie! Gehen Sie lieber zweimal!

… da freut der Mitarbeiter sich doch, dass er so einen witzigen Chef hat! Immer einen Spruch auf den Lippen, schön zwischendurch mal für den einen oder anderen Schenkelklopfer sorgen – da kommt gute Laune auf!

z.B. Oder wenn eine völlig verzweifelte Mitarbeiterin mit einer Arbeit nicht weiterkommt und kurz vor dem Weinkrampf um Hilfe wimmernd vor mir steht. Da sag ich dann ganz oft spontan:

8. Kollegialer Spaß und Mobbing

Chef:
Na, da machen Sie sich mal keine Sorgen! Kommen Sie einfach zu mir und dann geh' ich da schön noch mal drüber. Über das Problem. Oder Sie. Je nachdem, wo es grad nötiger ist.

Und schon ist da aber mindestens ein Lächeln drin, bei der Kollegin. Oder eine Ohrfeige, bei mir. Entscheidet sich meist ganz spontan und aus der Situation heraus. Die schätzt man ja manchmal im ersten Moment falsch ein, auch als Chef.

 Situationen richtig einzuschätzen ist sehr wichtig, wenn man einen guten Scherz machen will.

Also einen, den auch die Mitarbeiter lustig finden. Wenn man nicht genau weiß, was los ist, kann so etwas auch mal schnell in die Hose gehen. Der Klassiker ist hier wohl die folgende Situation:

z.B. Eine Kollegin kommt im schwarzen Rock und schwarzen Rollkragenpulli in die Kaffeeküche. Das sieht ja erst mal verdammt, ich will nicht sagen »flott«, weil das abgedroschen ist, aber schon extrem sexy aus. Und dann geht's los:

8. Kollegialer Spaß und Mobbing

Chef:
Wow, mein lieber Herr Gesangsverein! Sie sehen ja heute … Ist die Oma gestorben?!

Mitarbeiterin:
Nein, mein Vater.

Das wäre er also. Der Klassiker. Und gleichzeitig das übelste Fettnäpfchen, in das man treten kann. Nun bin ich privat natürlich der Meinung, dass Humor und Tod durchaus kompatibel sind. Aber erzählen Sie das mal einer Mitarbeiterin mit einem frisch dahingeschiedenen Vater! So trauernde Leute hören einem ja überhaupt nicht richtig zu! Völlig egoistisch hängen die ihren eigenen »Problemen« nach. In dem Fall sind Aufheiterungsversuche völlig zwecklos. Stundenlang können Sie sich da lustige Hüte aufsetzen oder Kitzelversuche starten. Kommt fast alles nie gut an. Ganz verboten sind Aufheiterungsfloskeln nach einem Trauerfall, wie:

Chef:
- ✔ Das Leben geht weiter!
- ✔ Kommen Sie schon … seien Sie froh, dass es Sie nicht getroffen hat!
- ✔ Der liebe Gott wird schon einen Grund gehabt haben, ihn hier wegzuholen!

Mein Fazit also:

 Trauernde Mitarbeiter nicht mit Spaß belästigen.

Anders verhält es sich bei Mitarbeitern, die im Stress sind. Natürlich Ihretwegen, weil Sie als Chef Ihr komplettes Wochenpensum an Ihre Untergebenen wegdelegiert haben. (Glückwunsch dazu, an dieser Stelle!) Statt einfach nur Ihre Freizeit zu genießen, können Sie sich jetzt damit die Zeit vertreiben, diese schwer schuftenden Menschen in ihrem Arbeitswahn mit witzigen Kommentaren zu unterhalten. Das kann man so machen:

Chef:
- ✔ Sind Sie immer noch hier?! Sie waren doch schon zwei Stunden dran, als ich gekommen bin! Na, wie auch immer. Schönen Feierabend!
- ✔ Das Projekt, das Sie da seit zwei Wochen bearbeiten und für das Sie die ersten Schritte Ihres Sohnes verpasst haben … das ist übrigens gestrichen worden. Kann man nichts machen. Nein, Scherz, haha …

Kommt super an, so was. Wenn man Kollegen mit Humor hat.

 Ansonsten ist es auch immer eine lustige Überraschung, wenn Sie die Beschriftungszettel an den dringend zu bearbeitenden Akten heimlich ver-

8. Kollegialer Spaß und Mobbing

tauschen, oder in fremden Telefonkonferenzen mit verstellter Stimme so tun, als wären Sie der schwule Geliebte eines Mitarbeiters und müssten ganz dringend wissen, wo der Yentl-Soundtrack steht. Die Möglichkeiten sind da ja so unglaublich vielfältig!

Allerdings gibt es auch Mitarbeiter, die so gar keinen Sinn für Komik haben. Die einfach alles konsequent falsch verstehen und sich angegriffen fühlen. Und das sind nicht immer Frauen!

z.B. Angenommen, Sie haben einen Mitarbeiter, den niemand so wirklich leiden kann. So jemanden gibt es eigentlich in jeder Abteilung. Einen Menschen, der wullakt und pullakt und im Grunde immer nett und freundlich ist. Den man aber genau darum am liebs-

ten lachend in eine Kreissäge rennen sehen würde. Solche Leute gehen in den Keller, kommen nach zwei Minuten wieder hoch und sagen: »*Da ist es auch nicht lustig!*« Solche Leute meine ich.

Da muss man besonders vorsichtig sein. Vor allem, wenn man in Gegenwart anderer Kollegen Spaß macht.

Ernie:
Ich habe gestern eine Frau kennengelernt. Die war wunderschön und hat sich echt richtig für mich und mein Leben interessiert.

Chef:
Och Ernie, altes Kartoffelgesicht! Du hattest gestern 'ne Tante von der Vermögensberatung bei dir! Die Karte von der liegt sogar noch auf deinem Schreibtisch.

Merke! Und hier ist Vorsicht geboten! Auch wenn alle Umstehenden sich scheckig lachen über Ihre Bemerkung. Der verhohnepipelte Mitarbeiter wird das unter Umständen anders sehen. Und anders nennen. Nicht »kollegialer Spaß«, sondern »Mobbing«.

Mobbing ist ein Wort, das sich Totalversager ausgedacht haben, um vorm Betriebsrat nicht sagen zu müssen: »*Die anderen ärgern mich immer!*« »*Die Kollegen mobben mich!*« klingt nämlich gleich viel empörender. Das klingt nach etwas, das man anprangern und vor allem anklagen kann.

8. Kollegialer Spaß und Mobbing

Als Chef muss man mit solchen Kollegen umgehen können. Und zwar, indem man mit seiner Bemerkung wartet, bis das Weichei den Raum verlassen hat. Und dann aber so richtig drauf!

> **Chef:**
> Jetzt mal im Ernst, der Kollege hat die Gehirnsuppe aber damals auch mit 'ner Gabel gefuttert! Und dieses vermatschte Ding über seinem Hals … so ein Gesicht kann auch nur eine Mutter lieben!

Oder so ähnlich. Ihnen fällt da bestimmt auch selbst etwas Passendes ein, ich hab da ein gutes Gefühl. Wenn Sie in eine Situation kommen, wo Sie zu Unrecht (oder zu Recht, was spielt das für eine Rolle?) des Mobbings beschuldigt werden, schlage ich zur allgemeinen Auflockerung der Lage einen Betriebsausflug vor. Gehen Sie mit den Kollegen mal schick essen oder in den Zoo oder zum Bowling!

Tipp **Zeigen Sie, dass es Ihnen nur darum geht, innerhalb der Abteilung auch mal fünfe gerade sein zu lassen.**

Füllen Sie den vermeintlich Gemobbten ordentlich ab, klopfen Sie ihm gegen Ausklang des Abends freundschaftlich auf die Schulter und sagen Sie etwas wie:

Chef sagt:
Diese ganze Geschichte da, von wegen Mobbing und
so. Wir sind doch erwachsene Menschen und ich würde
mal sagen: Schwamm drüber. Hm? Sehen Sie auch so,
richtig? Guter Mann!

Chef meint:
Sehen Sie sich an, guter Mann. Sie sind hässlich, Sie
haben privat keine Freunde, Sie fallen selbst im mieses-
ten Puff der Stadt durch die Gesichtskontrolle. Wollen
Sie es sich wirklich auch noch im Büro versauen? So.

Dann ist meistens wieder alles OK. Ich persönlich achte
immer sehr darauf, dass man sich hinterher wieder ver-
trägt und seinen Mitarbeitern als Chef klarmacht, dass
das ja alles nur ein Witz war. Darum haben sich auch zwei

8. Kollegialer Spaß und Mobbing

davon völlig freiwillig und nur mit leichten Androhungen von Arbeitsplatzverlust bereit erklärt, sich zum Thema Mobbing zu äußern:

Ernie:

Im Büro bist du am besten 'ne Maschine, vom Seelischen her. Wenn nicht, dann benutzen die anderen die als Fußabtreter und trampeln da so lange drauf rum, bis du sie vorne und hinten nicht wiedererkennst. Deine eigene Seele! Die anderen haben mir dieses Jahr zum Beispiel eingeredet, dass der Tag der Deutschen Einheit abgeschafft worden wäre und deswegen bin ich dann ins Büro gekommen, an einem Feiertag, als Einziger. So was ist Mobbing. Oder, mir immer meine Büroklammern in die Mikrowelle zu stecken, so dass die ganz heiß sind, wenn ich die brauche. Das bringt ja nichts. Und es macht Firmeneigentum kaputt.

Ulf:

Was heißt Mobbing? Wenn ich nicht ab und zu den Ernie verarschen könnte, hätte ich ja gar keinen Spaß. Und ohne Spaß am Job arbeite ich schlechter, insofern ist Mobbing sogar gut für die Firma. Ist ja außerdem gar kein Mobbing. Wir haben Ernies Telefonhörer mit Sekundenkleber ans Telefon geklebt und ihn dann ständig angerufen. Der ist fast verrückt geworden, weil er dachte, es wär' wichtig. Das war' puppenlustig. Das ist doch kein Mobbing.

Chefsprache

Chef sagt:

Chef meint:

Ou, Sie sehen aber erschöpft aus heute.

Sie sehen immer scheiße aus, aber heute geht das ja mal gar nicht!

Der Kollege ist aber wirklich immer mit Feuereifer dabei!

Der Kollege ist ein ekelhafter Streber!

Die Kollegin hat auch sechs Monate nach der Entbindung noch diese besondere Ausstrahlung einer Schwangeren.

Mein Gott, ist die fett! Bleibt die jetzt für immer so?!

In der Mittagspause beim Türken gewesen?

Sie stinken nach Knoblauch. Versorgen Sie sich gefälligst mit Kaugummi!

Ich betraue Sie mit der Organisation der diesjährigen Weihnachtsfeier!

Es gibt einfach keine Aufgabe, die Ihrem nicht vorhandenen Talent angemessener wäre!

9. Kapitel

Büro ist Familie

»Büro ist Familie«, das ist so ein Satz, bei dem eigentlich alle gleichermaßen grinsen können. Wir Chefs, weil man es eben gerne mal zu den Mitarbeitern sagt, wenn wieder jemand unzufrieden ist und Zicken macht. Und die Mitarbeiter, weil das genau der Satz ist, auf den man dann so gar nichts mehr erwidern kann, wenn man gerade unzufrieden ist und gerne ein bisschen rumzicken möchte.

Chef sagt:
Wir sind hier doch alle eine große Familie!

Chef meint:
Wir sitzen hier jeden Tag unfreiwillig aufeinander und können nichts daran ändern. Machen wir das Beste draus!

9. Büro ist Familie

Und wenn man das so sieht, stimmt es ja auch. Der Begriff der »Bürofamilie« ist entstanden, weil man irgendwann gemerkt hat, dass es die Kollegen sind, mit denen man sein Leben verbringt und nicht die Menschen, die zu Hause sitzen und warten. Tragisch, aber wahr. Bei vielen Berufstätigen ist es inzwischen so, dass der Erste, der die neue Frisur oder die neuen Klamotten bemerkt, nicht der Lebenspartner ist, sondern der Kollege.

> **Chef sagt:**
> Neue Frisur? Steht Ihnen gut. Macht sie mindestens fünf Jahre jünger.
>
> **Chef meint:**
> Wenn ich nächste Woche vom Friseur komme, will ich dann aber genau diesen Satz auch von Ihnen hören!

Wie Sie sehen, im Büro passiert nichts ohne einen tieferen Sinn. Nicht mal ein Kompliment Ihres Chefs. Ungeachtet dessen ist so ein »Wir-Gefühl« innerhalb einer Abteilung einer der Hauptgründe, weshalb die Selbstmordrate der Berufstätigen heute nicht noch höher liegt.

 Ein guter Chef wird immer versuchen, das Wir-Gefühl in seiner Abteilung durchzusetzen, notfalls mit Gewalt.

Einige zwingen ihre Mitarbeiter zu gemeinsamen Unternehmungen wie Kegeln, Fußballgucken oder, wenn es ein ganz schlimmer Chef ist, Zoobesuch. Solange das innerhalb der Arbeitszeiten stattfindet, halten sich die Beschwerden in Grenzen, aber was ist, wenn Ihr Chef darauf besteht, nach Feierabend zusammen loszuziehen?

Chef sagt:
So, Kinder, Überraschung! Heute Abend ziehen wir alle zusammen schön noch 'ne Runde um die Häuser. Der Papa gibt ein' aus!

Chef meint:
Folgendes: Ich hab heute Abend keine Lust auf mein jämmerliches Privatleben. Darum dürft Ihr auch keins haben.

Im Grunde ist das so wie früher als Kind in der eigenen Familie. Der Papa sagt: »*So, wir fahren jetzt alle mal zur Tante Stefanie und da wird sich dann prächtig amüsiert.*« Als Kind konnte man sich da schon nicht wehren. Im Büro ist es genauso. Da macht man nix, da muss man durch:

Chef sagt:
Unser Projekt ist durch, jetzt wird gefeiert! Wir sind schließlich alle eine große Familie.

Chef meint:
Meiner eigenen Familie ist mein Erfolg egal, solange das Konto voll ist. Da sagt mir nie einer, wie toll ich bin. Darum erwarte ich das von Euch. Ständig.

---

9. Büro ist Familie

Und dieses private Chefproblem haben Sie auszubügeln.

Genau wie bei einer richtigen Familie lässt sich auch die Bürobelegschaft in die verschiedenen Rollen unterteilen. Da sind die normalen Mitarbeiter – das sind die Kinder. Der Chef ist natürlich der Papa: Der Haushaltsvorstand, der mit mehr oder weniger strenger Hand seine Schäfchen führt und erzieht. Die Onkel und Tanten sind die Leute, die nicht wirklich zur Abteilung gehören und mit denen man eher ungern zusammentrifft. Zum Beispiel auf großen »Familienfeiern« wie Sommerfest, Weihnachtsfeier oder dem Ausstand eines Kollegen. Das wäre dann in einer normalen Familie die Beerdigung. Kaffee, Kuchen und rührende Worte gibt es bei beidem und die Tränen sind ebenfalls in beiden Fällen geheuchelt.

Chef sagt:
Wir sind untröstlich. Mit Ihnen verlässt einer unserer fähigsten Mitarbeiter die Firma.

Chef meint:
Nämlich der Kollege aus der Buchhaltung. Der geht auch … und der war wirklich fähig.

Wie auch immer, das ganze Leben findet im Büro statt. In der wahren Familie. Wo man als Kind, wenn der Papa sauer ist oder etwas nicht erlaubt, eben zur Mama geht und fragt. Die Position der Mama ist im Büro sehr unterschiedlich definiert. Das kann eine resolute Kollegin sein, die Beziehungen zum Betriebsrat hat oder ein Über-Chef, bei dem man einen Stein im Brett hat und mit dem man in der Kantine ganz unverfänglich über den eigenen Chef herzieht. Mit dem Wissen, dass der hinterher intern mal einen Rüffel an den Papa verteilt.

Kinder können grausam sein!

Aber wenigstens kann man bei dieser Art von Kindern sagen: »*Von mir haben die das nicht!*«
Ein weiteres Beispiel dafür, dass das Büro zu Recht als Familie bezeichnet wird, ist die folgende Situation. Wir kön-

nen mitten im Gespräch einsteigen und Sie werden sofort
wissen, was los ist …

Chef:
Was ist denn nun mit diesem Antrag hier? Ernie ist dafür
verantwortlich, haben Sie gesagt!

Erika:
Nein, das habe ich nicht gesagt. Der Ulf hat gesagt, dass
die Tanja gesagt hat …

Ulf:
Nein, das stimmt doch nicht, ich war nur in CC gesetzt
bei dem E-Mail-Verkehr! Das war die Verantwortung
von …

Ernie:
Ja Ulf, jetzt tu aber nicht so, als wäre ich dafür verantwortlich! Nur, weil du dem Herrn Becker das falsch gesagt hast, damit du früher nach Hause kannst. Das war
nämlich eigentlich so …

Dieser permanente Kleinkrieg zerrt an den Nerven aller
Beteiligten. »Bis einer weint« geht das meistens. Solche
Gespräche laufen jeden Tag zu Tausenden in den verschiedenen Bürogebäuden ab. »Wer hat wem was nicht
gesagt oder absichtlich vorenthalten, um sich dadurch
bei wem einen Vorteil zu verschaffen …?« Wie im Kin-
dergarten. Oder eben in einer Familie mit mehreren Kin-

dern. Und der Papa muss dann schlichten und alles wieder in Ordnung bringen. Womit er den Großteil seiner Zeit auch vollauf beschäftigt ist:

Chef sagt:
Schluss jetzt! Du hörst sofort auf, dem Ernie Informationen vorzuenthalten und du gewöhnst dir bitte an, Unstimmigkeiten intern zu regeln und nicht sofort alle Abteilungsleiter bei deinen Beschwerde-Mails in CC zu setzen. Und jetzt: Weitermachen!

Chef meint:
Und jetzt gebt Ihr Euch die Hand und seid wieder friedlich. Wenn ich Stress haben wollte, würde ich nach Hause gehen!

9. Büro ist Familie

Aber auf der anderen Seite ist es ja auch schön, zu wissen, dass man sich auf seine Eierköppe im Büro verlassen kann. Wenn auch bei manchen nur auf Ihre konsequente Unzuverlässigkeit. Wen hat man denn sonst, wenn man mal ehrlich ist? Egal, ob Chef oder Mitarbeiter:

 Regel

In den Schoß der Bürofamilie kommt man immer wieder zurück.

Gerade wenn im richtigen Zuhause schoßmäßig grad wieder Essig ist …

Chefsprache

Chef sagt:

Wir sind hier alle eine große Familie.

Chef meint:

Ich bin das Familienoberhaupt und solange Sie Ihre Füße unter meinen Tisch stellen …

Meine Kaffeemaschine ist schon wieder kaputt.

Ich hab bald Geburtstag, da wisst Ihr ja, wofür Ihr sammelt. Und wehe, Ihr kommt wieder mit so einem pseudointellektuellen Hermann Hesse-Hörbuch an!

Chef sagt:	Chef meint:
Zusätzlich zur Weihnachts-feier gehen wir dieses Jahr mit der Abteilung richtig nobel essen.	Um die Weihnachtszeit ist der Stress am größten und die Selbstmordrate am höchsten. So etwas will ich in meiner Abteilung nicht haben. Ich geh' mit Euch essen, dafür bringt sich niemand von Euch um, o.k.?
Sie sehen ja richtig erholt aus nach Ihrem Urlaub. Wie schön.	Ich habe Sie vermisst. Der andere Kollege braucht viel länger für mei-ne Arbeit als Sie. Da ist ganz schön was liegen geblieben. Viel Spaß!
Ich hab bei Ihnen so ein Stück weit das Gefühl, dass Ihre Fähigkeiten und die Anforderungen, die die Firma an Sie stellt, nicht miteinander konform gehen.	Ich hab die Schnauze voll. Ich lasse mich von Ihnen scheiden!

10. Kapitel

Nie intim im Team

Wo wir gerade schon so schön kuschelig über die Bürofamilie gesprochen haben, können wir direkt mit etwas weitermachen, was hier gerne mal zum Problem wird: Inzest.

Also Inzest in dem Sinn, dass innerhalb der Bürofamilie ... Sie verstehen das schon richtig. Man kennt das doch: Man arbeitet ewig und drei Tage an demselben Projekt, geht sich auf die Nerven und kabbelt sich dann so ein bisschen ... und ehe man sich's versieht, liegt man nackt auf dem Konferenztisch und sagt so etwas Sinniges wie:

Chef sagt:
Ja. Äh. Dann machen Sie doch jetzt mal die Ausarbeitung fertig, Frau äh ...

Chef meint:
Ja. Äh.

So etwas kann passieren, wenn man mal einen Moment nicht aufpasst. Dafür braucht man keine Weihnachtsfeier mehr heutzutage. In einer Zeit, in der man im Büro sowieso ständig aufeinander hockt, da spielt es ab einem gewissen Punkt auch keine Rolle mehr, ob man dabei noch bekleidet ist.

Das ist ja im Grunde auch kein großer Akt. Also, schon, aber nicht inhaltlich. Theoretisch könnte man da jetzt sagen: *»Ist halt passiert, kann man nix machen. Hosen hoch, Schwamm drüber, weitermachen.«*

10. Nie intim im Team

Theoretisch ist aber nicht praktisch. Besonders nicht im Büro. Da ist jetzt für Sie quasi Holland in Not.

Als Chef müssen Sie immer, ich wiederhole, immer darauf achten, dass Sie Ihren Füller möglichst nicht in Firmentinte tauchen. Das gibt nur Probleme.

Stellen Sie sich vor, Ihnen ist da so ein kleines Missgeschick passiert und Sie haben versehentlich mit einer Mitarbeiterin »*Meilensteine gesetzt*«, »*Kernkompetenzen verteilt*«, »*das persönliche Gespräch gesucht*« – suchen Sie sich etwas aus. Wenn das eine Ihnen überstellte Kollegin war: Glückwunsch, alles richtig gemacht!

Da mittlerweile keine Frau in einer Führungsposition mehr freiwillig als Emanze bezeichnet werden möchte, können Sie sich beruhigt eine Zigarette anzünden und sich zurücklehnen. Solange Sie selbst die Klappe halten, haben Sie hier nichts zu befürchten. Wenn eine Chefin sich mit einem unterstellten Kollegen einlässt, können Sie davon ausgehen, dass sie weiß, was sie da tut.

> Frauen haben für alles einen Grund.

Und Frauen in Führungspositionen haben mit Sicherheit einen verdammt guten Grund, gerade mit IHNEN so etwas zu machen (und das wissen Sie auch, wenn Sie ehrlich sind). Und vermutlich haben Sie gerade tatsächlich im

selig-postkoitalen Zustand vertrauliche Informationen ausgeplappert oder etwas in der Art.

Chef sagt:
Ist auch alles grad sehr stressig hier. Liegt wohl daran, dass deine Abteilung mit der Logistikabteilung zusammengelegt werden soll ...

Chef meint:
Hab ich das jetzt gerade laut gesagt?!

Egal, solange Sie danach still halten, passiert Ihnen nichts.

> Frauen, die gekriegt haben, was sie wollen, machen keinen Ärger.

10. Nie intim im Team

Wenn Sie mit einer Ihnen unterstellten Mitarbeiterin et-was Vergleichbares gemacht haben, sieht die Sache an-ders aus. Und, mal im Ernst, es ist in den meisten Fällen eine unterstellte Kollegin. Weil die im Allgemeinen zu Ih-nen als Chef aufsieht. Woher kommt das?

> **Chef sagt:**
> Ich bestehe darauf, dass alle Informationen über mich laufen! Wenn Sie Fragen haben, fragen Sie mich. Wenn Sie Probleme haben, kommen Sie zu mir.
>
> **Chef meint:**
> Ohne mich läuft gar nichts. Seht her, ich bin der Aller-größte!

Und manche Frauen glauben das dann auch. Nein, ei-gentlich glauben das alle Frauen.

 Wir Chefs haben von jeher den Vorteil, dass wir Macht ausstrahlen.

Vielleicht nicht direkt frühmorgens, wenn man mit Drei-tagebart ins Büro schlurft, aber unterschwellig kommt die Chef-Autorität ja doch immer durch. Und darauf stehen die Weiber.

Das ist eines der guten Dinge am … nein, das ist das Beste am Chef-Sein! Man ist unglaublich begehrt und hat enormen Schlag bei den Frauen. Da fällt es schwer, die ganzen angetragenen Zärtlichkeiten ständig abzuwehren. Irgendwann tun einem dann ja auch mal die Hände weh und man gibt nach.

Chef sagt:
Ich bin eigentlich kein Freund davon, Berufliches mit Privatem zu vermischen.

Chef meint:
Ach, komm … für Sie mach' ich eine Ausnahme!

Und schon ist das Kind in den Brunnen … und da liegt es dann. Denn leider interpretieren Frauen so einen Zwischenfall anders als Sie. Für den Chef ist es eine Zwischenmahlzeit, für die Zwischenmahlzeit ein Dreigänge-Menü. Wenn Sie Glück haben.

Wenn Sie Pech haben, übt die Zwischenmahlzeit im Büro gerade ihren neuen Nachnamen und gibt all ihr Geld aus, weil sie davon ausgeht, in Zukunft Ihr Chefgehalt verprassen zu können. Das ist dann so ein bisschen blöd gelaufen für Sie.

Da steht jetzt ein echtes persönliches Gespräch an, und zwar schnell! Ich verrate Ihnen jetzt etwas als Chef und in erster Linie als Mann, und vergessen Sie das bitte nie:

> **Frauen reden!**

10. Nie intim im Team

Gerne, viel und mit allen. Und das ist in so einer Situation
nicht gut. Außer, Sie stehen drauf, von der kompletten
Abteilung in naher Zukunft mit niedlichen Kosenamen
angesprochen zu werden.

Mitarbeiter:
Wenn Sie diese Unterlagen dann bitte noch unterzeich-
nen könnten … Knurpsel?

Das könnte zu leichtem Autoritätsverlust führen. Sehen
Sie also zu, dass Sie die betreffende Dame schleunigst
über Ihre weitere gemeinsame Zukunft aufklären. Vom
Inhalt her sollte das so aussehen:

> **Chef sagt:**
> Es gibt keine!
>
> **Chef meint:**
> Es gibt keine!

Fangen Sie bloß nicht mit langen Erklärungen oder Entschuldigungen an. Sie sind Chef! Greifen Sie auf Ihre Stärken zurück und erklären Sie freundlich, aber bestimmt, dass es sich hierbei um einen abgeschlossenen Vorgang handelt.

Das sollte nicht so schwer zu vermitteln sein und Sie haben doch nicht vor, Ihre Karriere wegen eines einmaligen Ausrutschers zu gefährden!

Außerdem weiß man ja, was passiert, wenn zwei Kollegen auch privat miteinander fusionieren …

Falls Sie etwas in der Art vorhaben, lesen Sie sich vielleicht erst die folgenden Äußerungen von zwei meiner Mitarbeiter durch. Und dann überlegen Sie sich das noch mal …

Tanja Seifert:
Das ist schon manchmal anstrengend, wenn man sich im Büro sieht und dann auch noch abends. Aber man sucht

10. Nie intim im Team

sich das ja nicht aus, in wen man sich verliebt. Und es gibt auch viele Vorteile. Der Ulf kommt zum Beispiel nicht mehr zu spät, seit wir zusammen zur Arbeit fahren. Und er ist auch viel ordentlicher geworden. Gut, ich guck' da auch öfter mal drüber, über seine Sachen, wenn er grad nicht am Platz ist ... aber das ist ja normal in einer Beziehung, dass da der eine dem anderen mal hilft. Wobei der Ulf mir jetzt eigentlich nicht so ... Aber der ist ja auch ein Mann, die sind da einfach anders. Er kann zum Beispiel mittlerweile schon kochen. Da überrascht er mich manchmal damit, wenn ich wieder später nach Hause komme. Also, jetzt nichts Kompliziertes oder so, aber so Nudeln oder Spiegelei kriegt er schon hin. Der Wusel ...

Ulf Steinke:
Nö, also Probleme haben wir eigentlich nicht dadurch, dass wir zusammen arbeiten. Nicht richtig. Ich mein', das geht schon alles. Natürlich nervt das manchmal, wenn man sich den ganzen Tag sieht. Klar. Ich mein', du stehst morgens auf: Da ist Tanja. Du gehst ins Büro: Da ist Tanja. Du kommst nach Hause und bist voll platt und: Jap, da ist TANJA!

Das ist schon heftig, irgendwie. Wenn man sich das mal vorstellt, dass das jetzt für immer so läuft ... Aber die Tanja ist ja ehrgeizig, die wird bestimmt bald befördert und kommt in eine andere Abteilung. Denk' ich mir. Ist ja nicht so, dass es keine Hoffnung für mich gibt ...

Chefsprache

Chef sagt:	Chef meint:
Ich möchte Sie bitten, Ihre Zuneigung zu Ihrer Kollegin nicht so offenkundig zu zeigen.	Finger weg von meinen Mitarbeiterinnen. Werden Sie selber Chef und stellen Sie welche ein!
Machen Sie sich keine Sorgen, Jennifer, diese Arbeit kriegen Sie schon hin. Und wenn Sie Probleme haben, ich bin immer für Sie da.	Egal für was, du süße Sau!
In meiner Abteilung werden keine Unterschiede zwischen den Geschlechtern gemacht. Hier zählt nur Leistung.	Und es ist eine enorme Leistung, jeden Tag so gut auszusehen und immer so süß zu gucken.
Berufliches und Privates vermische ich grundsätzlich nicht.	Sobald eine meiner Mitarbeiterinnen mir, naja, nennen wir es mal »näher bekannt ist« und die dann einen auf »Büroklammer« macht, heißt es für sie: Tschüssikowski!

Der ultimative Chef-Test

1. Sie kommen morgens ins Büro, hängen Ihren Mantel an die Garderobe und stellen fest: Es steht kein frischer Kaffee auf Ihrem Schreibtisch. Ihre Reaktion?

a) Sie brüllen Ihre Untertanen an und wollen sofort wissen, welcher Selbstmordkandidat für diesen Gipfel der Dreistigkeit verantwortlich ist. Hier gilt es, eine fristlose Kündigung auszusprechen!

b) Sie machen den schuldigen Kollegen auf sein Versäumnis aufmerksam und bitten ihn freundlich, sich darum zu kümmern, sobald seine Zeit es zulässt.

c) Wieso Reaktion? Wie jeden Morgen gehen Sie in die Küche und setzen eine Kanne Kaffee für Ihre Leute auf. Danach schmieren Sie Schnittchen für alle und dekorieren die Teller mit lustigen Clownsgesichtern, bevor Sie das Frühstück leise (um niemanden zu stören) in den Büros verteilen.

2. Sie leiten seit Monaten eine Projektgruppe und erfahren über Dritte zufällig, dass Ihr Projekt gekippt wurde und keinerlei Relevanz mehr hat. Sie …

a) … fahren komplett aus der Haut, marschieren ins Büro der Firmenspitze und scheißen den ganzen verdammten Haufen ordentlich zusammen. Das machen Sie solange, bis Sie eine schriftliche Bestätigung für die sofortige Wiederaufnahme Ihres Projektes haben. Danach feuern Sie einen Unbeteiligten.

b) … fragen per Mail nach, ob da was dran ist. Nachdem das Gerücht bestätigt wurde, bitten Sie um ein persönliches Gespräch mit den Verantwortlichen und tragen dort klar formulierte Begründungen vor, die die Relevanz Ihres Projektes in Bezug auf die Ziele des Unternehmens unterstreichen.

c) … durften noch nie ein Projekt eigenverantwortlich leiten. Wie ist das denn so?

3. Sie erfahren, dass eine höhere Position wegen der baldigen Pensionierung eines Kollegen neu zu besetzen ist. Wie verhalten Sie sich?

a) Sie räumen schon mal Ihren Kram zusammen und messen das Büro des alten Sacks aus. Dann stellen sie dem Gruftie unauffällig auf der Treppe ein Bein, weil Ihnen das alles viel zu langsam geht.

b) Sie machen sich berechtigte Hoffnung auf die freie Stelle, da Sie stets kompetent und vorbildlich Ihre Arbeit geleistet haben. Beim Ausstand des Kollegen halten Sie eine bewegende Rede, die allen Anwesenden Tränen der Rührung in die Augen treibt.

c) Sie gehen von Büro zu Büro und sammeln für ein Abschiedsgeschenk. Außerdem basteln Sie in mühevoller Kleinarbeit eine Karte aus dem Material der wichtigsten Projekte, für die der liebe Kollege in den letzten 45 Jahren gearbeitet hat. Zum Ausstand werden Sie als Einziger nicht eingeladen.

4. Aus Gründen »allgemeiner Einsparungen« sind Sie gezwungen, einen Kollegen aus Ihrer Abteilung zu entlassen. Es ist Ihre freie Entscheidung, wer das sein wird. Wie gehen Sie vor?

a) Sie rufen laut in den Flur »*Wer zuletzt hier angetanzt kommt, ist gefeuert!*« Wenn alle da sind, feuern Sie denjenigen, der zuerst da war. Weil er ein elender Arschkriecher ist. Außer, es war eine gut aussehende Frau. Dann den zweiten. Mit derselben Begründung.

b) Sie sehen sich die Personalakten genau an und überprüfen, wer zu alt ist, um anderswo eine Beschäftigung zu bekommen, wer eine Familie zu ernähren hat und wer noch jung und begeisterungsfähig genug ist, um mit einer Kündigung gut umgehen zu können. Sie erklären ihm einfühlsam die Sachlage.

c) Sie können nachts nicht mehr schlafen, nichts mehr essen und sind vor lauter Sorgen ganz grün im Gesicht. Wenn Sie auf dem Flur einem Kollegen begegnen, brechen Sie in unkontrollierte Weinkrämpfe aus. Letztendlich reichen Sie selbst Ihre Kündigung ein, weil Sie niemandem wehtun möchten.

5. Sie kommen zu spät zu einem wichtigen Meeting, weil jemand versäumt hat, Ihnen die Vorverlegung desselben mitzuteilen. Alle anderen Teilnehmer sind schon seit einer Stunde im Konferenzraum. Was machen Sie?

a) Sie gehen ohne anzuklopfen rein und bestehen auf der Wiederholung von allem, was bisher gesagt wurde. Und zwar wortwörtlich, bitte schön! Danach feuern Sie denjenigen, der schuld an Ihrer Verspätung war. Oder jemand anderen. Wer grad da ist.

b) Sie klopfen an die Tür, warten, bis Sie hereingebeten werden, entschuldigen sich für die Verspätung und bitten nach der Besprechung einen Kollegen, Ihnen kurz mitzuteilen, was Sie verpasst haben.

c) Sie sind schon Tage vorher ganz aufgeregt, weil man Sie, offensichtlich durch ein Versehen, zu einem so wichtigen Meeting eingeladen hat. Als Sie feststellen, dass die Tür geschlossen ist und die Konferenz bereits läuft, lächeln Sie, weil Sie offensichtlich wieder mal verkohlt worden sind. Diese Kollegen, immer einen Spaß auf Lager ...

6. Ein langjähriger Mitarbeiter bittet Sie um Ihre Meinung zu einer für die Firma sehr wichtigen Arbeit. Wie reagieren Sie?

a) Sie erklären sich gerne bereit, sich seiner Arbeit anzunehmen. Dann nehmen Sie die Arbeit mit in Ihr Büro, ersetzen den Namen des Kollegen durch Ihren eigenen und lassen sie von einem anderen Kollegen zur Geschäftsführung bringen. (*)

(*) Ach ja: Dann feuern Sie den Kollegen, der die Arbeit gemacht hat. Und den, der sie zur Geschäftsführung gebracht hat.

b) Sie gehen die Arbeit sorgfältig durch und besprechen im Anschluss mit dem Mitarbeiter, welche Punkte man noch besser ausführen könnte und bieten sich an, gemeinsam eine Präsentation auszuarbeiten.

c) Es hat Sie noch nie jemand um Ihre Mithilfe gebeten. Oder um Ihre Meinung. Oder um einen Kaugummi. Und mit Ihrer Verdauung stimmt auch wieder was nicht.

7. Eine Mitarbeiterin erscheint im Hochsommer in einem sehr kurzen Rock im Büro. Leider hat sie vergessen, hinten den Reißverschluss zu schließen. Offensichtlich hat sie zusätzlich eine Vorliebe für Tangas. Als Chef tun Sie jetzt WAS?

a) Gar nichts. Sie schauen nur. Und freuen sich.

b) Gar nichts. Sie schauen nur. Und freuen sich.

c) Gar nichts. Sie schauen nur. Und freuen sich.

Auflösung:
Geben Sie sich für jede a-Antwort *einen* Punkt, für jede b-Antwort *drei* Punkte und für jede c-Antwort *fünf* Punkte.

Genau 35 Punkte:
Mein Beileid! Wenn ich nicht so genau wüsste, dass es Leute wie Sie wirklich gibt, würde ich mich jetzt über Sie

lustig machen. Keine Sorge und Kopf hoch! Sie kennen doch bestimmt diese unglaublich schönen, aufregenden Frauen, die mit diesen unfassbar hässlichen, nichtssagenden Männern zusammen sind. Denen man auf der Straße nachsieht und sich immer fragt: »Hä?!« – Sie könnten einer von diesen Männern werden!

(Wenn Sie eine Frau sind, haben Sie ein ganz ordentliches Ergebnis eingefahren. Vertreiben Sie sich die Zeit bis zu Ihrer Hochzeit, indem Sie optische Highlights in Ihrer Abteilung setzen und erfreuen Sie damit Ihre männlichen Kollegen! Lernen Sie kochen und backen!)

34 bis 22 Punkte:
Sie sind ein guter Mensch. Ein prima Freund, ein netter Kollege und ein zärtlicher Liebhaber. Leider sind Sie ein beschissener Chef. Aus genau den Gründen, die ich gerade angeführt habe. Haben Sie eigentlich überhaupt nicht aufgepasst, was ich Ihnen hier auf den vorangegangenen Seiten versucht habe, in Ihre freundlich lächelnde Hirse zu pressen?! Chefs sind keine guten Menschen, sie haben keine Freunde, sie nutzen Mitarbeiter aus und wenn sie überhaupt Sex haben, dann um sich abzureagieren! Herrgott noch mal!

So. Ich muss weg.

Test

Genau 21 Punkte:

Herr Becker?

20 bis 8 Punkte:

Sie sind auf einem guten Weg. Sie haben erkannt, worum es beim Chefsein geht. Sie wissen nicht nur, wie der Hase läuft, sondern auch, wohin er läuft und mit wem er sich da trifft. Das ist eine gute Basis, um langfristig als Chef erfolgreich zu sein. Jetzt fehlen nur noch ein paar Kleinigkeiten. Stoßen Sie Ihre letzten verbliebenen Freunde ab, die Sie im Büro noch davon abhalten, komplett emotionslos durchzustarten, und gewöhnen Sie sich bestimmte Eigenheiten an, die einen Chef erst charismatisch machen. Schießen Sie von Zeit zu Zeit einfach mal eine Kündigung aus der Hüfte und begründen Sie das mit einer frei erfundenen Geschichte, in der viele Fremdwörter Ihrer Branche vorkommen. Brüllen Sie grundlos in Ihrem Büro ins Telefon und knallen Sie wütend den Hörer auf die Gabel. Es muss niemand erfahren, dass keiner dran war.

Genau 7 Punkte:

Herzlichen Glückwunsch!

Sie haben es offensichtlich total lustig gefunden, sich selbst als absolutes Arschloch darzustellen. Sind Sie aber nicht, Sie sind Max Mustermann. Leute wie Sie findet man oft im mittleren Management. Sie finden sich als Typ ziemlich klasse, kommen freitags betont leger ohne

Krawatte ins Büro und tragen Ihre Hosen immer ein Stück oberhalb der Hüfte. So was sieht scheiße aus, fragen Sie Ihre Kolleginnen. Die reden allerdings eher ungern mit Ihnen, weil Ihre Durchschnittlichkeit nur noch durch Ihre unfassbar langweilige Ausstrahlung übertrumpft wird. Sie haben Kaffeetassen mit vermeintlich witzigem Aufdruck. Am besten gehen Sie jetzt mal raus und spielen eine Runde Baum.

Kommentar zum Test:
Es wäre natürlich schön, wenn Chefs wirklich so leicht zu kategorisieren wären, wie sie in diesem Test dargestellt sind: Das emotionslose Arschloch, der Vorzeige-Chef und der Totalversager. Im wahren Büroleben sind die meisten Chefs ein bisschen von allem und treten auch gerne mal nach außen als Totalversager auf, um dann im richtigen Moment auf Vorzeige-Chef umzuschalten. Das ist meistens dann, wenn ein Über-Chef auftaucht. Als Mitarbeiter steht man mit offenem Mund daneben und wundert sich, woher dieses Fachwissen auf einmal kommt.
Chefs stecken voller Überraschungen. Verlassen Sie sich nie darauf, dass Ihr Chef wirklich so inkompetent ist, wie er vorgibt, so freundlich, wie er tut und so ein Arschloch, wie Sie glauben. Wobei, Letzteres natürlich schon … Aber was wäre eine Welt ohne Überraschungen? Das wäre wie eine Welt ohne Chefs: Zu schön, um wahr zu sein!

Liebe Arbeitnehmer,
liebe Chefs,
liebe Über-Chefs,

Chef sein ist eine super Sache. Man hat eigentlich nur Vorteile, vor allem beruflich.

Wenn man sich mal neben sich selbst stellt und sich beim Chef sein beobachtet, neigt man schnell dazu, zufrieden zu sein. Mit sich, mit seinem Job, sogar mit seinen Mitarbeitern.

Chef sagt:
Ihre Mail mit den vorläufigen Ergebnissen habe ich erhalten, gute Arbeit.

Chef meint:
Läuft.

So wie bei Heraklit immer alles fließt, so läuft beim Chef immer alles. Philosophisch betrachtet. Menschlich betrachtet gibt es da allerdings ein paar Einschränkungen. Wie bereits ganz am Anfang erwähnt, haben Chefs innerhalb ihres Wirkungsfeldes zwar viele helfende Hände und Köpfe, die aufopferungsbereit arbeiten und denken, aber sie haben wenige Freunde. Meistens sogar gar keine, wenn sie alles richtig gemacht haben. Und das macht in gewisser Hinsicht einsam.

Ein bisschen so wie bei den Löwen. Der Ober-Löwe kriegt wenig von dem normalen Kleinscheiß innerhalb seines Rudels mit, weil er die ganze Zeit unterwegs ist, um sein Revier zu markieren oder zu verteidigen. Dafür hat er als Einziger eine prächtige Mähne und wird von allen aus der Ferne bewundert. (Das mit der Mähne wird, übertragen auf den Chef, meist überbewertet.)

Wenn da dann der Ober-Löwe zurück zu seinen Leuten kommt, ist das mit der Kommunikation ja auch schwierig. Was interessiert das Rudel, wie groß das Revier inzwischen ist oder mit welchem Emporkömmling man sich rumschlagen musste, damit der sich nicht an die besten Weibchen ranmacht?

Oder umgekehrt, wozu muss der Ober-Löwe wissen, wie lange die Mädels wieder hinter so einem Gnu herrennen mussten, damit ordentlich Fleisch da ist, wenn man zurückkommt?

Fast genauso ist das eben auch beim Chef und seinen Leuten. Da wird man manchmal melancholisch.

Chef sagt:
Wenn ich Sie so sehe, wie Sie sich bemühen und jedem helfen, da erinnern Sie mich ein bisschen an mich selbst, bevor ich hier Chef geworden bin.

Chef meint:
Das war, kurz bevor ich gemerkt habe, dass das alles nichts bringt.

Man sieht sich in der eigenen Abteilung um, beobachtet die ganzen mehr oder weniger eifrigen Kollegen, die dafür sorgen, dass der Laden läuft. Man sieht die vergangenen Jahre wie im Zeitraffer vorbeifliegen:

✔ Die junge, attraktive Kollegin, die man selbst völlig uneigennützig und nur wegen Ihrer fachlichen Kompetenz eingestellt hat, ist inzwischen dreifache Mutter und hat von der Schwerkraft schon mehrmals einen schönen Gruß bestellt bekommen.

✔ Das Pärchen, das sich hier in der Abteilung gefunden und jahrelang versucht hat, das nach außen zu verheimlichen, ist inzwischen geschieden. Von ihren jeweiligen Partnern.

✔ Der nervende Kollege, der immer gegen einen intrigiert hat und scharf auf den eigenen Chefposten war, nervt inzwischen nicht mehr. Weil sein Vertrag leider nicht verlängert werden konnte.

✔ Der schwarze Fleck auf der Arbeitsplatte in der Kaffeeküche, letzter Zeuge des verunglückten Versuchs, ein intimes Weihnachtsessen in der Abteilung zu veranstalten. Irgendein Witzbold hat den Fleck umrandet und mit Edding dran geschrieben: »Gulasch '96«.

All das sieht man als Chef. Man erinnert sich und fragt sich, wann genau der Zeitpunkt war, an dem man aufgehört hat, Kollege zu sein, und angefangen hat, Chef zu sein ...

In diesen Momenten geht man in sein Büro und schließt die schwere Mahagonitür hinter sich. Man setzt sich an seinen Schreibtisch auf den weichen Lederdrehstuhl, legt die Füße hoch, zündet sich eine Cohiba an und findet irgendwie, dass das alles schon seine Richtigkeit hat. Weil man dafür ja auch verdammt viel geleistet hat. Man hat auf viel verzichtet, viel investiert und vor allem viele Vokabeln auswendig gelernt. Man hat sich das alles verdient. Dass man Chef ist.

Dann macht man die Augen wieder auf, weil die geschnorrte Filterzigarette einem die Flossen verbrannt hat. Die Asche ist gleichmäßig auf den eigenen Schritt und den quietschenden Billigdrehstuhl gerieselt. Wobei die Abnutzungserscheinungen bei beiden nicht wirklich überzeugend zu verleugnen sind. Auf dem Schreibtisch stapelt sich die unerledigte Arbeit. Macht aber nix, alles halb so wild, es könnte schlimmer kommen. Viel, viel schlimmer.

Man könnte zum Beispiel einer von diesen miesen, völlig unbeliebten Chefs sein. Von denen die ganze Belegschaft genervt ist und die ständig so abgenudelte Sprüche bringen.

Diese Sorte Chef ist aber sehr selten und ich vermute ganz stark, dass Sie, lieber Leser, weder so einen Vollhonk zum Chef haben, noch selbst so einer sind.

Wie gesagt, Chefs sind keine Monster, Chefs sind eigentlich ganz knorke Typen. Echt jetzt. Hoffentlich haben Sie wenigstens das aus diesem meinem Vermächtnis gelernt. Wär ja schon schön. Test:

Zeigen Sie, was ich Ihnen beigebracht habe und bringen Sie Ihrem Chef eine Tasse Kaffee. Jetzt.

Lirum Larum – und damit Hopp!

Herzlichst,

Ihr Bernd Stromberg

Nachwort von Christoph Maria Herbst

Ich bin nicht der Chef, ich spiele nur den Chef. Und, glauben Sie mir, bei den allermeisten Chefs ist es genauso. Stromberg arbeitet in einer Versicherung, deswegen tauchen ab und zu versicherungsspezifische Fachbegriffe auf. Dafür ist ein Autor zuständig, ich lerne die auswendig und sage sie auf. Ob die inhaltlich sinnvoll sind oder einfach nur Blabla? Keine Ahnung. Und, glauben Sie mir, bei den allermeisten Chefs und ihren sogenannten Fachbegriffen ist es genauso. Ob Versicherung, Versorgungsamt oder Verteidigungsministerium. Nur, dass die Chefs im wahren Leben meistens noch nicht mal einen Autor haben, sondern sich alles, was sie sagen, selbst ausdenken müssen. Deswegen ist es in Ihrem Büro wahrscheinlich auch oft nicht ganz so lustig wie bei Stromberg in der CAPITOL.

Stromberg ist egozentrisch, inkompetent, ungerecht und überheblich. Ich bin privat ganz anders. Und auch das ist etwas, das Sie wahrscheinlich schon von Ihrem Chef gehört haben werden. Zum Beispiel nach drei Eimerchen Glühwein auf der Weihnachtsfeier, wenn Sie eine Frau sind.

Der Unterschied ist: Ich bin privat wirklich anders. (Davon können Sie sich gerne selbst überzeugen, bei einem Glas Wein und selbstgemachten Krabbentörtchen. Schreiben Sie mir einfach! Beziehungsweise meiner Agentur. Wenn

Sie eine Frau sind. Und das hinkriegen mit den Krabben-törtchen. Am besten legen Sie ein paar Fotos bei. Von sich, nicht von den Krabbentörtchen.)

Wo war ich? Genau. Der Unterschied zwischen Mensch und Chef. Ich zum Beispiel brauche eine gewisse Zeit, um mich in Stromberg zu verwandeln. Die Haare werden ab-rasiert, (ja, gut, auch bei mir privat »*zieht sich der Haar-ansatz mittlerweile schneller zurück als die italienische Armee im Zweiten Weltkrieg*«, wie Stromberg sagen würde – aber, wie gesagt, ich bin nicht Stromberg und ich habe noch Haare, da, wo Stromberg eben keine mehr hat!), und ich lasse mir einen Bart stehen. Dann ziehe ich ausgesucht scheußliche Klamotten an, streife mir sein sil-bernes Armbändchen über und binde mir eine Krawatte um, die aussieht wie ein Ferienparadies für Milben.

Anschließend setze ich mich in »mein Büro« und werde so Schritt für Schritt zu Stromberg. Das heißt, es braucht schon eine ganze Weile, bis ich mich in den miesen Typen verwandelt habe, den Sie aus dem Fernsehen kennen. Und noch länger hat es vermutlich bei dem miesen Typen gedauert, den Sie aus Ihrem Büro kennen.

Einige sagen, Stromberg sei die Rolle meines Lebens. Aber es ist eben trotzdem genau das: eine Rolle. Ich kann auch anders.

Für Sie heißt das zweierlei: Erstens: Vielleicht ist es bei Ihrem Chef genauso und er spielt nur eine Rolle. Zweitens: Auch aus Ihnen kann noch ein Chef werden. Eben genauso wie aus mir!

Das vorliegende Büchlein hat Ihnen hoffentlich beide Perspektiven ein bisschen verdeutlicht. Die Ihres Vorgesetzten und die seiner Rolle, die er Ihnen gegenüber zu erfüllen hat. Vielleicht verstehen Sie Ihren Chef jetzt ein wenig besser oder Sie haben wertvolle Anregungen dafür bekommen, wie auch Sie es hinkriegen können, dass Mitarbeiter eines Tages an Ihnen still verzweifeln.

Lassen Sie mich schließen mit einem Satz des großen William Shakespeare:

»Kein Ding ist gut oder schlecht, erst das Denken macht es dazu.«

Das hat nichts mit unserem Thema zu tun, aber es ist ein guter Satz zum Aufhören.

Herzliche Grüße,

Ihr Christoph Maria Herbst